# 聖なるかがり火

今一度、
人が、人として
再生していくために

村山泰弘

東洋出版

# 聖なるかがり火

今一度、人が、人として再生していくために

それはそうしたもののすべてを超越したものであり、それを学ぼうとするすべての人々の知性を、真理そのものとして輝く、聖なるかがり火の下へと導いていくものです。

◎目次◎

# 前書き

あなたは知っているでしょうか。

今から一世紀ほど前、ハーバード大学の教授J・H・ライトをして、「ここに、学識あるわが国のプロフェッサーたち全部を一つに集めたよりもっと博識な人がいる」と感銘させ、ニューヨーク・ヘラルドには、「彼の話を聞くと、これほど学識のある民族に宣教師などを送るとは、何と愚かなことだろう、と感じる」と述べさせた、一人の若きヒンドゥー僧がいたことを。

西洋の人々が彼の存在を知ったのは、皮肉にも彼が、西洋諸国の植民地支配によって愛するインドがどれほど危機的状態に陥っているのかを、人々がどれほどの飢えや貧困に苦しめられているのかを、乞食《こつじき》のための鉢一つを手にして旅立った全インドへの行脚の中で思い知らされ、その窮状をインドを踏みにじっている西洋の人々に直接訴えるために、捨て身の覚悟で単身アメリカへと乗り込んでいったことによってであったことを。

そしてその時、彼が西洋の人々に対して語り掛けた言葉は、たとえそれがあからさまな抗議や批判に満ちたものであったとしても、心ある西洋の人々を深く感銘させたのだということを。

その結果として、ハーバード大学やコロンビア大学さえもがすぐさま彼に講義の場を提供して、彼に学び始めたのだということを。

　彼の評判は瞬く間に海を越えたヨーロッパにまでも及び、イギリスやフランスの名だたる有識者や社交界の人々にさえも彼との交流を熱望させたのだということを。

　彼の口から語られた叡知の本質こそが、

『人が人であることの意味』

『人として生まれ、人として生き、人として死んでいくことの真の意味』を、幾千年もの古《いにしえ》からインドの求道者たちに開示してきた、ヴェーダーンタの教えであったのだということを。


　そしてそのスワミ・ヴィヴェーカーナンダが生涯において唯一人、「彼こそが、私などおよびもつかない、賢者の中の賢者！」と崇め続けた、師、インド史に名を残す大聖者であるラーマクリシュナ・パラマハンサが、自分の名前を書く文字さえ学ぶことのなかった無学の人であったということを……。

　生涯を通して完全なる無学の中に生きながら、世界の学識の頂点に立ったような人々からさえ仰ぎ見られる賢者となり得たラーマクリシュナ・パラマハンサの存在こそが、

『真の叡知は、自らの外の世界に、知識や学識として存在しているのではなく、すべての人の魂の奥深くに、人を人として輝かせる徳や人格といった人間的価値と共に眠っているものである』という、ヴェーダーンタの教えの正しさを暗示するものなのだということを……。

　そのヴェーダーンタは今、

『人類がもし、自然が天変地異として奏で始めた滅亡へのカウントダウンの中から再生のための一歩

を踏み出したいと思うのであれば、人類をその一歩へと導けるのは頭脳が生み出す思想や哲学ではなく、頭脳が生み出す思想や哲学が決して認めることのできない魂の深淵に秘められ続けている、内なる叡智の力なのだ』というメッセージを、幾千年の時を超えて、われわれの一人ひとりに向かって発しているのだということを、あなたは知っているでしょうか。

『人が信じようと信じまいと、すべての人の魂の深淵には、誰一人の例外もなく、唯物論によっては窺い知ることのできない偉大な叡智が隠されているのだ』と、ヴェーダーンタはわれわれに告げているのだということを……。

そしてその叡智は、

『あなたが望みさえすれば、あなたを生み落とした母なる自然があなたに与えておいた生得の権利の果実として、あなたの中に、あなたの努力によって、崇高な人格とともに輝き始めるのだ』と、告げているのだということを。

聖なるかがり火　今一度、人が、人として再生していくために

# 第一章　時を超えた賢者の教え

ヴェーダーンタは告げます。

『世界を再生させる真の力は、若者にではなく、老人たちに秘められているのだ』と。

『なぜなら、人としての完成は若さの中にあるのではなく、人生の到達点にこそ用意されているものだからであり、すべての若者にとって、人生の真の道標《みちしるべ》となり得るのは、人生の最終地点を生きている老人たちの身につけた人格や哲学や生きざまだからである』と。

だからこそ、

『世を憂うすべての年長者たちよ！　あなた方は、社会や若者たちの不徳を正そうとする前に、先ず、自らの不徳を正そうとすべきなのである』と。

『あなた方が信じようと信じまいと、世界とは、あなた方が堕落したように堕落したものであり、あなた方が身を正したように身を正していくものにすぎないのだから』と。

☆

☆

今この本を手にとっているあなたは、もしかすると若者かもしれません。

もしかすると老人かもしれません。

あるいは、その中間の世代を生きている人かもしれません。

あなたが今、どの世代に属する人であったとしても、あなたに尋ねてみたい一つの素朴な疑問があります。

それは、「生まれたばかりの子供と、若さに満ち溢れて生きる青年と、社会の重責を担って働く壮年と、社会を引退して余生を送る老人では、そのうちのどの世代の人々が最も人としての価値を持つ存在であり、どの世代の人々が最も人としての価値のない存在なのでしょうか?」というものです。


あなたがこの問い掛けにどのような答えを用意したかは分かりませんが、これから紹介しようとしているヴェーダーンタの教えは、すべての世代の中で、最も人としての価値を持つのは老人であると告げてきます。

なぜなら、今の若者や壮年たちが社会に貢献していることのすべてと、これから社会に貢献していくであろうことのすべては、老人たちがその人生の中で既に為し終えていることであり、若者や壮年たちがこの先の人生で乗り越えていかなければならない苦難のすべてもまた、既に老人たちは乗り越えてきていることだからです。

一見すると、社会は若者や壮年たちの働きによって成り立っているものであり、老人は何の役にも立たず、社会のお荷物であるかのような印象を与えているかもしれません。

しかし、それは迷妄であり、真実ではないとヴェーダーンタはわれわれに告げてくるのです。

すべての社会は、既に働き終えた老人たちの貢献を第一の存在基盤として成り立っているのであって、決して若者や壮年たちの現在の働きだけの上に成り立っているわけではないのだと。


今の若者たちが赤ん坊や子供だった頃、彼らに、衣食住と教育と娯楽と社会保障を与えて手厚く育ててきたのは、その頃壮年だった人たちです。そしてその壮年たちが赤ん坊や子供だった頃、彼らを同じように衣食住と教育と娯楽と社会保障を与えて手厚く育ててきたのはその頃壮年だった今の老人たちです。


したがって、その老人たちが文字通り老いてしまい、若い世代から福祉や介護を提供されながら生きているからといって、老人が社会のお荷物であるかのように考えることは誤りなのです。

少なくとも、老人という存在に敬意を払えない社会が真の幸福の中で繁栄したことは過去に一度もなく、今後もあり得ないのだとヴェーダーンタは告げてきます。

なぜなら、もし若者が老人という存在を何の役にも立たない社会のお荷物であるというように考えるのであれば、それはそのまま、この先、時間の問題として年老いていかなければならない宿命を背負って生きている自分自身の未来に対する全面的な否定へと直結してしまうからです。

つまり、人が老人たちに与える敬意や侮蔑のすべては、天に唾するように、避けることの出来ない「老い」を運命づけられて生きている自分自身に対する敬意や侮蔑でしかあり得ないのです。

われわれが生きている社会と人との関係は、畑と農夫との関係にどこか似ているところがあります。実際に畑で働き作物を収穫しているのは若者や壮年たちですが、その畑そのものと作物の種や栽培のためのノウハウを若者や壮年たちに譲り渡してくれたのは老人として生きる先人たちなのです。したがって、畑で働いているのが若者や壮年たちで、老人はもはや働けなくなっていたとしても、その畑から収穫される作物には、若者や壮年たちの労働だけではなく、かつてその畑で働いていた老人たちの労働も、いまだに目に見えない形で含まれ続けているのです。

その事を理解出来ない知性は、真の知性ではないと、ヴェーダーンタは告げてくるのです。

社会と人の関係が、畑と農夫との関係に似ているように、若さと人の関係は、燃料とロケットとの関係に似ています。

ロケットに搭載された燃料が、自らを空高く飛翔させるためのものであるように、若者にある若さは、人生を未来に向かって生き抜いていくためのものです。

そして、燃料の減少というものが自らを空高く飛翔させた結果であるように、人が老人となった時に経験する若さの喪失というものもまた、人生をゴールまで生き抜いてきた結果以外の何ものでもありません。

空高く飛翔したロケットは、空高く飛翔したことによってロケットとしての存在価値を勝ち取ります。

その時、空高く飛翔したロケットを見ながら、地上にあった時より燃料が減っているからといって、地上にあった時より価値がなくなったなどと落胆する人はいないはずです。

それと同じように、人の一生においても、老年期というものは人が人生という荒波の中を生き抜いてきた結果として到達出来るものであり、その老年期を生きている人々が若さを失っているからといって、若者より人としての価値が失われているなどと考えることは間違いなのです。

少なくとも、悠久の古からインドにおいて、悟りを開いたリシ（賢者）や解脱したヨーギ（ヨーガ行者）たちの口から語られ続けてきたヴェーダーンタは、

『人は誰であれ、自分より一つでも歳を重ねている年長者に対しては無条件に敬意を払わなければならない』と告げて、老年期に達した人々の存在価値にすべての人々が刮目《かつもく》しながら生きることを求めてきたのです。

その上で、そうした人々の中にある老いを嘲笑う若者に対しては、

『もし自らの若さを誇り、老齢となった人々を軽んじる若者がいたとするならば、その若者がどれほど才気に溢れ、高度な学問に精通していたとしても、その者の才気や知の本質は英才や叡知という仮面を被った暗愚であり、何一つ実際的な人々の幸福に益することはない』と断言します。

なぜなら、もし若者の心に自らの若さに対する自惚れと、年老いた人々に対する嘲りがあるならば、それはその若者が、避けることの出来ない時の流れの中で、自分自身も必ず年老いていくのだということを真に理解するだけの知性を持っていないことの表れ以外の何ものでもないからです。

ヴェーダーンタは若者に対してそう告げた上で、返す刀で老人たちに向かっても、『年長者の老いを嘲笑う若者は愚かであるが、年長者が自らの老いを嘆き、若者の中にある若さを羨むことは、それ以上に愚かなことである』とも苦言を呈します。

なぜなら、若さなどというものが瞬く間に過ぎ去っていくものであることを、すべての年長者たちは自分自身の生きてきた人生を通して身をもって学んできていなくてはならないはずのものだからです。

しかも、若さとは、裏を返せば人として未熟であるということであり、大人になるということは、更なる年月を生きることによって自らの心や知性を成熟させていき、人としての完成度を高めることを意味しているはずだからです。

その大人の頂点に立っているはずの老人たちが、若者を見て、自分が失った若さを羨み、自らの老いを嘆くということは、彼らが人生において、真に学ぶべき重要なものの何一つを学んできてはおらず、真に身につけるべき価値あるものの何一つを身につけてもこなかったのだということの証明以外の何ものでもあり得ません。

そしてもし本当に、すべての年長者たちが、若さに満ち溢れて過ごした日々が人生の中で最も輝かしく幸福な日々であり、年老いて過ごす日々は、人生の中で最も悲劇的なものであると感じながら生きているというのであれば、それは当の本人にとって不幸なことであるというだけでなく、すべての若者にとっても極めて悲劇的なことになってきます。

なぜなら、もしすべての年長者たちが、年を取れば取るほどに強まっていく老いの不幸の中で生きているのだとすれば、若さに満ち溢れて過ごす青年期や壮年期がどれほど輝かしい日々であったとしても、それは結局のところ、自らの人生というものが、この先どう頑張って生きたとしても、そうした年長者と同じ嘆きや悲しみの中へと押し流されていくだけの、悲劇的なものとしてしか存在していないのだということを思い知らされることでしかないからです。

そしてその時、世の大人たちがどのような美辞麗句を並べ立てて、「若者たちよ、夢と希望を持って生きたまえ。君たちには輝かしい未来が待っているのだ！」と語り掛けたところで、若者たちが自らの人生に明るい未来や希望を見いだすことなど絶対に不可能な話になってきます。

当然のことながら、もしそれが、真実であるというのであればそれは仕方のないことです。その時すべての若者たちは、それがどれほど救いのないものであったとしても、その人生を宿命として生きていくしかありません。

しかし、ヴェーダーンタは、

『それは愚かな迷妄であって、真実ではない！』と告げてくるのです。

なぜなら、

『すべての人が、青年期や壮年期を経て辿り着かなければならない老年期というものは、人をそうした人生の中に生み落とした自然というものが、人に人としての〈真の自己の完成〉を勝ち取らせるために用意しておいた最終的な段階にすぎないからである』と。

ヴェーダーンタは、そう教え諭した上で、若者の導き手となるべきすべての年長者たちに対して、

『自らに課せられた老いを嘆くな！　天命として用意されている死を恐れるな！』と高らかに告げて

きます。

なぜなら、

『人がもし、人として真に正しい人生を生きてきたのであれば、青年期や壮年期を経て辿り着いた老年期というものは、その辛く苦しい人生を通して自らの人としての存在を完成へと導く最も価値ある日々となり得るものであり、その先に待つ死も、惨めな敗北や物悲しい宿命などではなく、真に偉大な勝利をもたらすものとなるからである』と。

しかし、その勝利が何であるかを伝える概念や言葉は、唯物論の中には存在していません。したがって、人が唯物論を一歩も出ようとしないのであれば、それが何であるかを伝える術はありません。

しかし、それでもなお、次のことだけは言うことが出来ます。

『この世に卵として生み落とされた瞬間から始まっている蝶の人生にとって、食べることも飲むことも動くことも出来なくなって、まるで命を失ってしまった屍のような状態に陥ったサナギの段階こそが、自らの存在の中に秘められていた蝶という〔真の自己〕を完成させる最終的な段階であるように、人の人生においてもまた、生物としての活力も知力も衰退させ、あたかも社会のお荷物となってしまったかのようにして過ごす老年期こそが、自らの人としての存在の中に秘められていた〔真の自己〕を完成させるために天から与えられた、最も重要な日々として存在しているとヴェーダーンタは告げているのだ』と。

『あなたが信じようと信じまいと、あなたという存在は、あなたが考えているような、たった一度の人生として与えられ、たった一度の死によって永遠に消え去ってしまうようなものではなく、もっと祝福された、輝かしい存在なのだ』と。

『あなたが信じようと信じまいと、あなたという存在の中には、唯物論によっては窺い知ることの出来ない深遠な自然の摂理によって、いつの日か必ず偉大な勝利を勝ち取ることを前提として生み落とされた〔より深遠な自己〕が隠されているのだ』と。

『この世に人として生み落とされて生きているあなたにとっての〔より深遠な自己〕というものは、蝶の幼虫として生きている青虫にとっての〔より深遠な自己〕というものが、青虫ではなく、青虫という存在の中に秘められたまま羽化する時を待っている〔蝶〕であるように、人間として生きているあなたにとっての〔より深遠な自己〕というものも、あなたという存在の中に〔姿も形も持たない神秘〕として秘められたままに完成の時を待っている〔今はまだ目覚めていない不可知の自己……われわれの世界にそれを正しく記述出来る言葉や概念は存在していないが、われわれの世界に存在する概念の中で最も近いのは〔魂〕であるところの〔自己〕……〕だからである』と告げるのです。

ヴェーダーンタはそう告げた上で、更にこう続けてきます。

『この世を司る自然の摂理が、すべての生物を、避けることの出来ない老いや死を前提として生み落としているという事実は、すべての生物に背負わされている〔無常〕や〔悲劇的な宿命〕を意味しているのではなく、それがすべての生物の〔より深遠な自己の完成〕のために不可欠なプロセスの一つであることを意味しているだけのことなのである』と。

『唯物論の観点から〔老い〕や〔死〕を眺めた時、そこに悲劇や無常以外のものを何一つ見いだせなかったとしても、それはあくまで唯物論が生み落としている迷妄であって、真実ではないのだ』と。

『すべての生物は〔個〕においても〔種〕においても、自己の完成へと向かって生かされているのであって、決して〔老い〕や〔死〕という悲劇へ向かって押し流されているわけではないのだ』と。

ヴェーダーンタはそう告げた上で、『しかし』と、こうも告げてきます。

『だからと言って、〔死〕を決して軽く取り扱ってはならない』と。

『なぜなら、蝶の幼虫である青虫の体を引き裂いても蝶が羽化してくることがないように、われわれの中に秘められている〔姿なきより深遠な自己〕もまた、その人生の中で十分に育まれる前の、人が気まぐれに与える死によって完成される事はないからである』と。

『したがって、われわれにとって、与えられた人生を正しく生き抜くことと、天命として用意された死を正しく受け入れて雄々しくこの世を旅立つことは、ともに欠くことの出来ない重要なことなのだ』と。

『古の賢者たちは、知性も理性も超越した霊的な悟りの中でそれを知り、現代人たちは、唯物論に呪縛された知性と理性の働きの中でそれを見失っている』のだと。

『人類が歩んできた歴史の中で、賢者が若者の代名詞であったことは一度としてなく、それは常に老境に達した人々の代名詞だったのだ』とヴェーダーンタは告げてきます。

『老人が若者の侮蔑や物笑いの種になっている今の世界は、真の叡智を失った世界であり、それは老人にとって不幸なだけでなく、若者にとっては更に不幸な世界なのだ』と。

すべての若者たちは、傍目にはどれほど能天気に面白可笑しく日々を生きているように見えていたとしても、そんな日々のどこかでは必ず、自分という存在がこの先に待つ人生のある瞬間を境にして老い始め、その老いの先には避けることの出来ない死が待っているのだという事実と正面から向き合う瞬間を持ちながら生きています。

そしてその時、そうした若者たちに真の希望を与えることが出来るものがあるとすれば、それは、人生の先達である大人たちが唱える口先だけの励ましや思想や哲学や人生論や教育でもなければ、単に娯楽に満ち溢れた社会でもなく、この先自分が年老いていった時、今持っているもののすべて、〔肉体〕と〔頭脳〕と〔社会〕の中に持っている価値あるもののすべてを失ってもなお、その時の老いた自分の内面に輝いているであろう〔何か〕、今の自分の中にはない、長い年月をかけて人生を生き抜いていかなければ手に入れることの出来ない価値ある〔何か〕、達観した人生観や完成された人間性といった〔何か〕を、老人として生きている人々の中に見いだすことによってだけです。

もしすべての老人たちが、そうしたものの何一つを身につけることなく、ただ単に年老いた心と肉体をボロ布のように引きずり、老いた日々に打ちひしがれながら死へと追い立てられているだけの惨めな存在でしかなかったならば、それは、同じ老いを運命づけられているすべての若者を打ちのめしていく最も救いがたい現実となります。

すべての若者たちは、たった一人の例外もなく、その心の中に、すべての老人たちが、今の自分たちの中にある若さを失うことと引き換えに、今の自分たちの中にはない、全く別の、価値ある〔何ものか〕を手に入れながら生きていてほしいという願いを持っています。なぜなら、それこそが、老いと死を運命づけられて生きている自分たちにとっての、真の救いだからです。

すべての若者たちの心の中には、たった一人の例外もなく、すべての老人たちの中にその価値ある〔何ものか〕を見いだして、すべての老人たちを敬いながら生きていきたいという思いがあります。

そして、そうした望みを現実の世界の老人たちが打ち砕く時、若者たちの心は捉えどころのない失意や、自虐にも似た苛立ちの中で打ちのめされ、年長者に対する敬意も、自らの命や人生というものに対する存在意義も尊厳も見失いながら荒廃していくのです。

そしてそのことは、裏を返せば、人間社会を目に見えないところから真に左右する力となっているものは、実際的に社会を支えている若者や壮年たちではなく、その若者たちの心に希望と絶望のどちらでも見せつけることの出来る老人たちの存在なのだということを意味しているのです。

社会における若者や壮年たちの存在は、地上に空高く聳《そび》える木の幹や枝葉のようなものであり、老人の存在というものは、その幹や枝葉に目に見えない世界から木を木として育んでいくための様々な養分を供給している根のようなものなのだと。

この世に生まれてきた人にとって、自分たちが目にしている老人こそが、自分がその人生の中で辿り着かなければならない最終的な自分の姿です。

したがって、すべての人々は、意識的にであれ無意識のうちにであれ、必ず、自分の行く末がどのようなものとなるのかを知るために、老人として生きている人々の姿を追いかけています。

老人たちが、その人生の中で一体何を手に入れ、どのように自分の人生と向かい合い、どのように死と向かい合っているのかを知るために……です。

この世に生まれたすべての人々の、心の最も深遠な部分に育まれていく人生観や生命観、希望や絶望といったものの核心となっているものは、社会思想や教育を介して建設されたものではなく、毎日の生活の中で否応なく見せつけられ続けている年長者たちのあるがままの姿を通して心に刻みつけられているものでしかありません。

ヴェーダーンタの教えを持ち出すまでもなく、すべての人々の現在があるのは、彼らが赤ん坊や子供だった頃、社会を支えてくれていた人々のお陰である以上、すべての人々が、すべての年長者に対して無条件の恩義を感じ、無条件の敬意をもって接する義務を持っていることは疑いようのないことです。

すべての先人たちはそのことを知っていたため、すべての社会の秩序を健全に維持する根幹の一つとして礼儀作法を定めてきました。

すべての礼儀作法の本質は、若輩が年長者に取るべき態度を教えるものであって、その逆は基本的に存在しません。

なぜなら、年長者が若輩の人々に取るべき態度のすべては、基本的にその人の人格に委ねられているからです。

そしてそのことは、裏を返せば、すべての社会というものが、年長者は若者より優れた人格を身につけていなければならない、ということを前提として構築されてきたことを意味しているのです。すべての人の歩む人生は様々であったとしても、その人生の中で、すべての人が真に獲得していかなければならないものは、金や地位や名誉や権力でもなければ、知識でさえなく、人格なのだと。

われわれが人生の中で手に入れることの出来るほとんどすべてのものは、必ず、人生のある瞬間を境にして自分の手から消え去って、他の人々の人生の中に輝きの場所を移していくものです。

しかし、たった一つだけ、人がどれほど高齢になり、肉体と頭脳を衰えさせ、地位や権力といったもののすべてを失ったとしても、決して他の人々の人生に輝きの場を移したりすることなく、生涯を通してその人だけを輝かせながら添いとげるものがあります。

それが人格です。

だからこそ、ヴェーダーンタはすべての人々に対して、生涯を通して人格を育んでいくことを求め、そのためにも、年長者を前にした時には、たとえ自分の手にしている地位や権力や名誉がどのようなものであったとしても、そうしたものをすべて脇に置いて、敬意を払う謙虚さを身につけていかなければならないと教え諭すのです。

そして、そのように若い人々から無条件の敬意を払われる資格を与えた年長者に対しては、『すべての若者たちが、年長者の手によって育てられてきたものである以上、すべての若者が身につけている欠点や不徳、罪や過ちといったもののすべての責任は年長者自らが負わなければならない』

として、得たもの以上に重い十字架を背負わせてくるのです。

年長者たちが若者たちに対して、「今の若者はダメだ！　われわれの若い頃はああではなかった」と嘆くのは世の常です。

しかしヴェーダーンタは、そうしたすべての年長者たちに対して、『あなた方の誰一人にも、そのように若者を嘆く権利はない』と告げてきます。

なぜなら、いかに年長者が、「今の若者はダメだ！　われわれの若い頃はああではなかった」と嘆いてみせたとしても、すべての若者はその昔、頭と心を白紙の状態で生まれてきた赤ん坊であり、その赤ん坊が、子供時代を経て若者となるまでの人生の中で心と頭の中に吸収してきたもののすべては、周りの大人や社会によって一方的に与えられたものであって、自分の意志や画策によって手に入れてきたものなどほとんど何一つとして存在してはいないからです。

世の大人たちが、どれほど、「われわれの子供の頃はああではなかった」、「われわれの子供の頃は、もっと純粋で、素直で、礼儀正しく、気概があり、徳高く、勤勉であった」と嘆いてみせたところで、子供が子供だけの力で、悪くなったり良くなったりしてきたわけではありません。

というか、赤ん坊という全くの無力の状態で生まれ、衣食住のすべて、頭と心に吸収していく情報と教育と生活環境のすべてを、大人たちから一方的に与えられることによってでなければ育つことの出来ない子供たちが、子供たち自身の力によって、悪くなったり、良くなったり出来るわけがないのです。

誰がどう詭弁を弄したところで、子供や若者が身につけているもののすべては、彼らが家庭や社会から与えられてきたものの総計にすぎません。

したがって、世の大人たちがどれほど、今の子供や若者たちを見て、「自分たちの子供時代とは違う。今の子供や若者はダメで、昔は良かった」と非難したり嘆いてみせたところで、その責任は当事者である子供にではなく、彼らを育てた大人たちにあるという指摘から逃れることは出来ないのです。

もし仮に、昔の子供と今の子供たちを比較した時、本当に今の子供がダメになっているというのであれば、それは、今の子供や若者たちを育てた今の大人たちより、昔の子供や若者たちを育てた昔の大人たちのほうが立派だったということを意味しているだけのことであって、決して、今の子供そのものに何か重大な落ち度が存在してきたことを意味しているわけではありません。

それはただ単に、本当にダメになったのは子供ではなく、「今の子供はダメになってしまった」と他人事のように嘆いている当の大人たちでしかないのだということを意味しているだけなのです。

子供は誰一人の例外もなく、大人や社会によって与えられる教育の中でしか、人として身につけるべきものの何一つを身につけていくことは出来ません。

しかし、その教育は、学校教育のことを言うのではありません。

なぜなら、大人が社会の中で実践していることは何であれ、それを日常の中で見せつけられる子供にとっては無条件の社会教育として機能してしまうからです。

しかも、大人が襟を正して子供の前に立って行う教育はある意味建前の教育であり、日常生活の中で行っている無意識の言動のほうが本音の社会教育として、より強い影響力を持ってしまうのです。

したがって、もし世の大人が今の子供たちに憂慮すべき様々な問題を見いだしているのなら、いくら建前の教育だけ立派に取り繕ってみたところでどうにもなるものではなく、大人そのものが真に子供たちの模範となり得るように根本から変容した時だけ、それはどうにかなっていくものでしかないのです。

そして、そのことを幾千年もの古から、人々に諭し続けてきたのが霊性の大国インドの賢者たちなのです。

偉大なる賢者たちの言葉が織りなすヴェーダーンタは、若者を嘆くすべての年長者たちに対して、『もし若者たちが、人としての美徳を失っているとすれば、それは取りも直さず、すべての年長者たちがそれを失っているからである』と告げてきます。

『もし若者たちが、昔の若者たちより堕落しているというのであれば、それは取りも直さず、すべての年長者たちが昔の年長者より堕落してしまっているからである』と。

このことを疑う人は、ラッコやアザラシといった海を生活の場とする野性の動物でさえ、生まれ落ちた瞬間から人間に拾われて人間の手で育てられたなら、海を怖がり、まともに泳ぐことさえ出来なくなり、親と接することもないままに動物園で飼育された野性の動物の多くは、成長して親となっても、自分の産んだ子供をどう育てていいのかが分からずに、育児放棄の中で子供を死なせてしまうのだ、ということを知るべきです。

それらの事実が意味しているのは、動物の子供であれ、人間の子供であれ、彼らが大人になった時、知性や心の領域に身につけているもののほとんどすべては、彼らが育ってくる間に親や社会から与えられたものと、与えられなかったものの総計にすぎないということなのである、ということをです。

大人たちが、子供や若者たちの人格の中に、どのような欠点や短所を見いだしていたとしても、彼らの人格にそうした短所や欠点を植えつけたものは彼ら自身ではなく、彼らを育ててきた親や社会でしかないのだということを。

ヴェーダーンタは、社会が良くなるも悪くなるも、すべての鍵を握っているのは教育であると告げます。

そして、その教育は、年長者から若い世代の人々に向かって与えられていくものであって、その逆はあり得ません。

したがって、世の中が悪くなっているのであれば、その真の原因は、若者にではなく、年長者たちにあるのだと断言するのです。

正されるべきは若者ではなく、年長者たちなのだと。

年長者が正されれば、若者は自動的に正されていくものなのだと。

そしてその年長者の頂点に位置するものが老人である以上、世界が今後正されるかどうかは、その老人たちが自らを正すことが出来るかどうかにかかっているのだとヴェーダーンタは告げるのです。

ヴェーダーンタもまた、他の世界の人々と同じように、『人類の未来を担っているのは若者である』とは言います。

しかし、それと同時に、

『その若者たちの未来を担っているのは、老人を頂点とする年長者たちである』と告げてくるのです。

なぜなら、どのような才気に溢れた若者であったとしても、若者が若者だけの力で未来を切り開いていくことは出来ないからです。

若者が未来を切り開いていけるのは、この先すべての若者たちの人生に立ちはだかることになる〔老〕〔病〕〔死〕といったものによって織りなされる苦難のすべてを、既に自らの人生の中で乗り越えてきた先達である年長者たちが正しく道を示してくれる場合だけです。

そのことは、いつの時代においても、偉大な仕事を為し遂げた若者を育てたものは若者ではなく、それは常に偉大な叡知に輝く先達たちだったことが教えています。

いつの時代に栄えた国家にとっても、国家が進むべき道を実際的に切り開いていったのは若者であっても、その若者を進むべき正しい道へと導いた叡知の源には必ず卓越した境地に住まう老人たちがいました。

そうした叡智に輝く老人たちのすべては、実際的な地位や権力のすべてを後進である若者に譲り渡し、自らは社会から隔絶された隠遁の中から彼らを導きました。

そうした叡智に輝く老人たちの誰一人として、地位や権力にしがみついたままに後進である若者を導こうとした者はいません。

なぜなら、老いてもなお地位や権力にしがみついたまま世界を導こうとする人間は、社会を私物化する独裁者や、道を塞ぎ社会を停滞させる老害物にはなれても、社会を真に正しい道へと導くリーダーには決してなれないからです。

真のリーダーにとって、最も重要な最後の仕事は、後進に道を譲ることです。

自らの中に明らかな老いの兆候を自覚した時や、周りの人々に指摘された時には、自らが手にした地位や権力を身にまとわりついたボロ布でも捨て去るかのように捨て去って、後進に道を譲ることの出来る者だけが、真に指導者としての資質を持つ者です。

もしその時、そうして道を譲った人々の中に、真のリーダーとしての叡知や人格がまだ残っているのであれば、彼がどこに隠遁したとしても、道を譲られた若者たちのほうから知恵や助言を求めて足を運んできます。

今の世界の不幸は、どこを見渡しても、そうした真の叡知と人格に輝く老人たちが見当たらなくなったことです。

人類は今、誰の目にも明らかなほどに差し迫った存亡の危機に直面しています。

今、人類が日々経験している夜明けの一つひとつは、人類を自らの中に生み落とした母なる自然が、自らの子供である人類を見限り、滅びの日々へと追い立て始めた一歩一歩です。

遅ればせながら人類は、そのことに気づき、否定しがたい危機感の中でそれを回避するための努力を様々に模索し始めています。

しかし、残念ながらその試みは、人類が、今までと同じ自然観や生命哲学の上に立ったままに行うのであれば、いかなる熱意や努力によっても事態を改善することは不可能であると言わざるを得ません。

なぜなら、今の世界が抱え込んでしまっている問題のすべては、人々の努力や熱意が足りなかった結果として起こっているのではなく、人々の誤った努力や熱意の結果として起こっていることだからです。

つまり、今、人類が直面している危機のすべては、今の世界を作り上げてきたすべての人々が、あらゆる善意と努力の中で、善かれと思って為してきたことの結果として起こっていることだということなのです。

そうである以上、人類が今後も、自らが行動を起こす時の指針となる自然観や生命哲学といったものに対する根本的な見直しをしないままに行うことは何であれ、人類の未来に差し迫った危機を回避させることにはならず、逆に、その熱意と努力の中で滅亡へのカウントダウンを加速することにしかならないということなのです。

そして、その予兆は既に、世界のリーダーたちが提言し始めている地球温暖化に対する対策の中にすらハッキリと現れています。

その一つが、原子力エネルギーの積極的な利用であり、バイオ燃料の無秩序な開発です。

原子力エネルギーも、バイオ燃料も、人類の自然破壊によって始まった天変地異による滅亡へのカウントダウンから人類を救うことは決してありません。

なぜなら、それらのすべての本質は、結局のところ、ソフィスティケートされた新たな自然破壊の積極的な促進でしかないからです。

一見すると、化石燃料から原子力へとエネルギーを切り換えていけば、二酸化炭素の排出は抑制され、地球温暖化が引き起こす異常気象による人類存亡へのカウントダウンは取り敢えず回避出来るような気がするかもしれません。

そして、バイオ燃料の開発も、もしそれが将来、食料と競合しない雑草などからガソリンに取って代わる燃料が作り出せるようになったなら、人類の未来に大きな救済の光をもたらす画期的なものであるような気がするかもしれません。

しかし、そうしたことのすべては愚かな迷妄であり、そうしたことによって、今のわれわれに突きつけられている人類滅亡へのカウントダウンというものは決して回避出来ません。

なぜなら化石燃料から原子力へとエネルギーを移行していけば、確かに二酸化炭素の排出は減らすことが出来るかもしれませんが、それは、地球温暖化がもたらす異常気象による存亡の危機というものを、ただ単に、原子力依存によって人類が抱え込まなければならない新たな存亡の危機、原子力発電施設の事故や放射性廃棄物の蓄積による、より致命的な環境破壊がもたらす滅亡へのカウントダウンへと模様替えするだけのものでしかないからであり、もし雑草によるバイオ燃料の生産が実現出来たとしても、それによって実現する人類へのエネルギーの供給は、雑草の生い茂る荒れ地という姿をとっている大規模な自然環境の新たな、ソフィスティケートされた破壊なしには出来ないことだからです。

しかも、もし今の地球温暖化というものが二酸化炭素の排出によって起こっているのだとすれば、それは今この瞬間からでも人間の努力によって改善することは可能ですが、いったん、原子力依存によって作り出された危機というものは、今現在の人間の努力によっては、子々孫々の未来から決して排除することは不可能なものとして存在していくものなのです。

そして、雑草の生い茂る荒れ地という姿をとっている大規模な自然環境の破壊も、われわれの生きている地球の自然というものが、そこに生み落とされてきた幾百万種という生物のすべての命の総合的な営みの中で築き上げられてきたものである以上、必ず、それを破壊してみた後でなければ表面化しない、予期していなかった新たな環境問題（例えば、それまで雑草地という生態系の中に封印されるようにして育まれていた様々なウイルスや微生物が、雑草地の消滅によって外の世界に追い出されることによって起こる、未知のウイルス性の病や、病害虫の発生）といったようなものを引き起こすことは火を見るよりも明らかなことだからです。

この自然の中に、われわれ人間は、〔不都合な環境〕や〔無用な生物〕といったものの存在を見いだしているかもしれませんが、それはあくまでわれわれ人間の目から見た場合の話であって、この地球の自然が、すべての環境とすべての生物の共同作業によって作り出されているものである以上、この地球上に、今現在の自然環境を維持する上で〔無用な環境〕や〔無用な生物〕などというものはただの一つも存在してはいないのです。

この自然の中には、山もあれば谷もあり、砂漠もあれば湿地もあり、草原もあれば砂漠もあり、川もあれば海もあります。

そして、そうしたすべての環境の中に姿も生態も異なる幾百万種の生物たちが生息し、それぞれがそれぞれに対立し、支えあう利害関係の中で入り乱れながらも、どれ一つの種の無秩序な繁栄も滅亡も引き起こすことのない完璧とも言える見事な共存共栄の全体像の中で今ある自然を作り出しているのです。

そしてそのことは、われわれ人類が、そうした生物の内のただの一つの種でも滅ぼしたならば、その瞬間にその生物が担っていた自然環境は失われ、その自然環境が失われたことによって、その自然環境に寄り添うように生きていた別の生物が滅び、その生物が滅んだことによってその生物によって支えられていたもう一つ別の自然環境が失われ、その自然環境が失われたことによってその自然環境に育まれていた別の生物が滅び……といったように、ドミノ倒しのように自然は止めどもなく壊れ去っていく可能性をも意味しているのです。

しかし、実際には、そうした事は起こりません。

なぜなら、自然には、われわれに病や怪我を治す治癒力があるように、自然にも自らのダメージを自らの力で修復していく自然としての回復力が存在しているからです。

その力によって、自然は今日まで、人間が与える様々なダメージからこの世界を守ってきたのです。

しかし、その力にも限界があります。

人間に、自らの治癒力を越えた病や傷を治すことが不可能なように、自然にとっても、自らの許容範囲を越えたダメージを修復することは不可能です。

われわれが、自然の再生力の範囲内で自然に手を加えながら利用している間は、自然は自らの力によって、何事もなかったかのように生態系の綻《ほころ》びを修復していくため、それほど大きな問題は起こりません。

がしかし、いったんその許容範囲を一歩でも踏み越えてしまったとするなら、事態は一変します。その時、われわれが自然を作り替える行為の一つひとつは、自らの知恵の力によって人類の未来を切り開いていくための輝かしい一歩一歩に見えていたとしても、実際は、自らの愚かさによって、自らの未来そのものを打ち砕いていく自殺行為へと姿を変えてしまうものなのです。

人類が今まで好き勝手に自然を利用しながら生き延びてこられたのは、実は人類の偉大さゆえではなく、愚かな人類の過ちを許容し続けてきた自然の偉大さゆえなのです。

ヴェーダーンタはわれわれ人類に対して、目の前に突きつけられている現実を冷徹に見据えることによって、自らが陥っている無知と迷妄から目覚めることを求めています。

目の前に突きつけられている現実とは、「人類は、自然を科学技術によって好き勝手に作り替えてきた結果として、手にした果実より遙かに大きな災いを、その自然の中に生み落とす結果となった」ということです。

そして、自らの陥っている迷妄とは、それでもなお多くの人々が、それが人類の決定的な過ちではなく、科学が未だ完成の途上にあるということが原因のすべてであると考えていることです。

「人類が科学を更に発達させていきさえすれば、今人類が抱え込んでいる問題のすべては時間の問題として解決出来ることなのだ」と。

　しかしヴェーダーンタは、「そうではない！」というメッセージを、幾千年もの古から、いずれ必ずそうした時代を迎えるであろう人類に向かって発してきたのです。

『それは、人類が科学を発達させていきさえすれば解決するような単純な問題ではなく、科学を高度に、より高度にと発達させていけばいくほどに致命的になっていく、非常に厄介な問題なのだ』と。

　なぜなら、これまで科学の発達によって人類が手にしてきたものが、常に〔科学の発達〕＝〔科学の予測出来なかった重大な問題の発生〕だったからです。


　われわれ人類は、科学を発達させることによって、多くの恩恵を手に入れてきました。

　しかし、その反面、予想だにしなかった多くの問題にも直面してきました。

　その時科学は、人類の未来に待ち受けていたそうした問題の何一つを予測してはこなかったのです。

　科学はいつの時も、「科学の発達の先にあるのは科学の勝利であり、より良い世界の実現である」と喧伝し続けてきました。

　そして、科学が必ず実現すると予言し続けたバラ色の未来を、常に現実が打ち砕き続けてきたのです。

　その未来に待ち受けていた問題のすべて、……オゾン層の破壊、酸性雨の発生、科学製品の廃棄によるあらゆる有毒有害物質の発生、医学の発達を逆手にとって進化するウイルスや耐性菌の脅威、地球温暖化が引き起こすノアの方舟の神話を思い起こさせる未曾有の災害の予兆といったものの何一つを人類は事前に予測出来ませんでした。

それは常に、人類の思考の盲点に隠れ潜んでいたかのようにして、科学の発達が約束した未来そのものに、予期せぬ不測の事態として待ち構えていたのです。

そして、その事実を見せつけられながらも、それでもなお多くの人々が、「科学さえ発達していけばあとは何とでもなる。今のわれわれの世界が抱え込んでいる問題は、すべて科学の未発達が原因で起こっていることにすぎない。そういう意味で、すべては科学の発達の過渡期に起こる一時的なものだと言える。人類が頭脳をより高度に発達させながら科学を完成させていきさえすれば、今の文明が抱え込んでいるすべての問題は自動的に解決していき、すべての人々が夢見た楽園の建設は現実のものとなるのだ」というような夢を抱き続けてきたのです。


しかしそうではないことを、……人類が突きつけられている事態はそれほど甘くないことを、人々はやっと気づかされ始めています。

「科学さえ発達していけば、あとは何とでもなる……」的な考えは、ただ単に非科学的で無邪気な夢であるばかりではなく、人類にとって極めて危険な妄想だということにです。

なぜなら、今までが〔科学の発達〕＝〔人類の予測出来なかった重大な問題の発生〕だった以上、われわれがこのままのスタンスで科学至上主義的な妄想に固執し続けていったとするなら、この先に待ち受けるものは〔今の科学文明を何倍かに発達させた、より高度な科学文明〕＝〔われわれが今経験している【人類が予測出来なかった重大な問題の発生】を何倍かにした【人類が予測出来なかった、より重大な問題の発生】〕だということは誰の目にも明らかなことだからです。

しかし、それでもなお、われわれの心の中から、「人類が、日進月歩の発達を続ける科学技術によって、自然をより快適なものへ作り替えようとしている試み自体が間違っているのではなく、そのことによって引き起こされている問題のすべては、科学がまだ充分に発達しきっていないことに原因があるだけであり、人類がこの先、科学を更に高度に発達させていきさえすれば、いずれすべてを解決出来る日が必ずやって来るに違いないのだ」という考えが消え去ることはありません。

そして、その原因の一つは、「なぜ、いつも〔科学の発達〕＝〔科学の予測出来なかった重大な問題の発生〕ということになるのか?」ということについて、誰も合理的に説明出来ないことがあります。

しかし、ヴェーダーンタにおいては違います。

ヴェーダーンタは、「なぜいつも、〔科学の発達〕＝〔科学の予測出来なかった重大な問題の発生〕ということになるのか?」という疑問に対する答えを、自らの中に開示しておいた宇宙モデルや生命モデルを通して形而上学的に描き出してみせるのです。

例えば、以下のようにしてです。

われわれは一般的に、「人は頭が良ければ良いほど、人に役立つことを知ることが出来るし、考えつくことが出来る」と考えています。

「優れた頭脳を持つ人々によって、この世界が調査研究され、高度に研ぎ澄まされた思考が積み重ねられていけばいくほどに、この世の真実は明らかにされていくのだ」と。

「もしこの世に〔真理〕が存在するのなら、それは、最も優れた頭脳を持つ人の、最も深遠な思考の積み重ねの結果として見いだされるものに違いない」と。

……そして「もし、この世界を楽園へと作り替えてくれるものがあるとすれば、それは頭脳の力であり、それは何が何でも発達させ続けなければならないものである」と。

しかしそうした考えに対してヴェーダーンタは、

『人がどれほどの研究努力を積み重ね、幾千年の時を費やしたとしても、頭脳の力によって、自然が隠し持っている秘密のたった一つといえどもあるがままの真実として探り当てることは不可能である』と断言してきます。

なぜなら、

『人がこの世界の秘密を頭脳の力によって解明しようとする時、必ずや、砂糖の甘さを、分子モデルを使った科学分析を通して知ろうとするような迷妄に陥るからである』と。

『その結果、人は、砂糖を科学的に分析したことによって砂糖の本質を知ったような気になってしまう。しかし、真実を言えば、それは逆に、頭脳によって砂糖の本質を見失わされているにすぎないのである。なぜなら砂糖の本質は甘さであり、それは分子モデルに置き換えることによってではなく、自らの舌で舐めてみた時にだけ体験として知ることが出来るものだからである』と。

『それと同じように、人は、太陽の本質を、水素原子が核融合によってヘリウム原子に変化することによって放出されるエネルギーだと説明されて、太陽の何かを知り得たような気になる。

しかし、太陽の本質は、人が自らの目で見、肌で感じている光や暖かさであり、その光の本質は、光子や電磁波といった言葉によって表現出来るようなものではなく、その光を実際に目で見、体に浴びることによって体験し、そのエネルギーによって大自然のすべての命を育んでいる偉大さを肌で感じ取ることによってしか理解し得ないものなのである。

それを、単なる科学知識に置き換えることによってその本質に迫れたような気になっているのは、単に、頭脳が生み出す知的迷妄に陥らされているにすぎないのである。

そして、その結果として、人は、先人たちが当たり前に持っていた、自然に抱かれながら、自然が生み落としたすべての生物たちとその恵みを分かち合いながら無理なく共存していくための最低限の知恵さえも失い続けてきたのである。

あなた方の崇拝する頭脳に秘められている知的な力というものの正体とは、多分にそのレベルのものでしかないのだ』と。

『しかし、頭脳が生み出す思考にだけ頼って人生を切り開いていこうとするタイプの人々は、すべてがこうした迷妄に陥っているため、どれほど博識で、どれほど頭脳明晰で、天才、偉人と世間にもてはやされている人であったとしても、そのことを真に理解することが出来ないのである』と。

したがって、

『人類がもしこのまま、頭脳というコンピューターだけに頼りながら未来を切り開いていこうとするのであれば、それを試みる人の頭脳が優れたものであればあるほどに、その努力が真摯で熱意に満ちたものであればあるほどに、人はこの世の真実と、自らの頭脳が生み出していく知的な迷妄とを取り違えながら、全く見当外れの生命モデルや宇宙モデルを描き出し、それらの指し示す輝かしい未来の建設を夢見ながら、滅亡への扉を自らの手で、一つ、また一つと押し開いていくことになるのだ』と。

だからこそ、インドのリシ（賢者）たちは、目の前の自然が隠し持っていたわずかばかりの発見（例えば、原子や遺伝子などに関する発見）を得意気に振りかざして唯物論を展開しようとするような人々を嘲笑うのです。

なぜならそうした人々は、われわれの生活環境を一変させ続けているハイテク機器や遺伝子工学でさえ、その本質は、石器時代に作られた石器と何ら変わるところはないのだということにすら気づけない程度の知性しか持ち合わせてはいないからです。

ハイテク産業が生み出す電化製品がそれまでの生活を一変させたというのであれば、石器時代の石器でさえも、それは、それ以前の文明からすれば人類の生活環境を一変させた画期的な発明品だったのであり、石器時代における石器の発明が、石が本質的に何であるかを知らないままにそれを利用する方法とメリットを発見し、それを利用することによって生活を向上させただけであるとすれば、現代の科学文明もまた、量子レベルの力を利用してはいても、量子が本質的に何であるかを知ってはおらず、ただ、それを利用出来る技術と、それを利用することのメリットを知ったにすぎないのであり、それは遺伝子工学についても全く同じことでしかないのです。

したがって、人類が遺伝子を組み換えて、自然界には存在しない生物を作り出したり、人間の臓器を試験管の中で人工的に培養することに成功し始めたりしたとしても、だからといって、「人類は生命の本質を解明しつつある」とか「神の領域を侵し始めるほどに知的進化を遂げつつある」とかいう考えに陥ったりするのは間違いなのです。

それは、人類が生命の本質に迫ったわけでも、神の領域を侵し始めるほどに知的進化を遂げたわけでもなく、ただ単に、生命が何であるかを知らないままに、生物の肉体の設計図である遺伝子を発見したことによってより高度な知的迷妄に陥り、生命の尊厳も本質も見失いながら、それらを単なる〔物〕として利用したいという誘惑に逆らえなくなってきているだけのことにすぎないのです。

しかもその時、遺伝子が生命の設計図であるというのなら、そのことを発見した人類には、「ではいったい、遺伝子という生命の設計図を原初の自然の中に組み込むことの出来た力というものは、その時一体どこに存在していたのか?」という更なる暗示に満ちた謎が突きつけられているということにすら、人々は気づけなくなっているのです。

誰かが人類の歴史を振り返ったならば、おそらく、現代ほど唯物論的に世界を取り扱った時代はないであろうし、現代ほど頭脳というものに絶対的な価値と、見果てぬ夢を見いだそうとしている時代はないような気がします。

そして、現代ほど人間が、命に対する尊厳も、自然に対する尊厳も見失い、悠久の歴史の中で自らの中に育まれ続けてきた人間性も、社会性も、正義感も、愛も、良心さえも見失っている時代もまたないような気がします。

それでも、それと引き換えに、人類が知的に進化し、真に賢くなっているのであればまだ救いはあります。

しかし残念ながら、ヴェーダーンタはそれをも否定します。

『人類は、人類が思っているほど賢くなどなっていないのだ』と。

もちろん、多くの人はそうした意見に対して異論を唱えるでしょう。

『われわれはここ数百年の間に、驚異的な知的進化を遂げたのだ』と。

『その証は科学であり、科学は、われわれの生活を豊かで、快適で、便利にしただけでなく、このまま科学を発達させていきさえすれば、やがて人類は、老いにも病にも死にも苦しむことのない、夢のような世界を築くことさえ出来るかもしれないと感じさせるほどの偉業を達成しつつあるのだ』と。

『地上だけでなく、宇宙にまで生活の場を広げつつあるのだ』と。

しかし、ヴェーダーンタは、そう主張する人々に対してはこう問い掛けてきます。

『なるほど、確かに人類は科学を発達させ、生活を豊かで、快適で、便利なものにしてきたかもしれない。

しかし、そうして人類が科学を発達させればさせるほどに、生活が豊かで、快適で、便利なものになっていけばいくほどに、人々の心からは苦しみや悲しみや悩みの種が取り除かれ、社会は、それ以前の社会より幸福になってきたのだろうか？』と。

『家庭は愛に満たされ、社会は住みやすく、世界は平和になったのだろうか?』

『そのことによって自然は、あなた方とその子孫たちのために、より豊かで、より美しく、より不安のない未来を約束するようになったのだろうか?』と。

『科学が、人類の生活の場を宇宙へ宇宙へと広げていこうとすればするほどに、人類は、地上での生活の場を失いつつあるのではないのだろうか?』と。

そしてこう続けます。

『たとえそうしたすべての問い掛けへの答えが、あなた方の明らかな敗北を意味するものであったとしても、あなた方はそれでもなお、「人類の未来を切り開いていくことが出来る唯一の希望は科学であり、科学さえ発達させ続けていくことが出来れば、いずれはきっと、老いにも病にも死にも苦しむことのない、夢のような世界を築くことさえ出来るはずである」というような夢を見続けようとする。

……だとするなら、果たしてそれは、あなた方が賢くなった証なのだろうか? それとも、愚になった証なのだろうか?』と。

そして、その問い掛けにあなた方がどう答えようと、ヴェーダーンタはこう続けてきます。

『真理に立脚して言うならば、たとえこの先人類が、幾千年の歳月の中でどれほど高度に科学や医学を発達させていったとしても、科学によって世界を楽園に作り替えることなど絶対に不可能だし、医学によって病を滅ぼすなどということも絶対に不可能である』と。

『なぜなら、人類というものが、全体的な自然から見た時、その他のすべての生物と全く同じように、自然によって生み落とされ、自然によって育まれている一生物にすぎない以上、その事実が暗示することは、人類と、その他のすべての生物の存在価値は、それを生み落とし育んでいる自然にとっては全く同じものであるということだからである』と。

そしてその時、そこに提示された生命モデルは、われわれに対して次のような命題を突きつけてくることになります。

『人類が、人類だけの都合によって自然を好き勝手に作り替えようとする行為は、全体を支配している自然の秩序を完全に無視して、目の前にあった（自分にとって）都合の悪い出っ張りを、無理やり叩いて引っ込めてしまっただけのようなことでしかないので、世界のどこかには必ずその時使った力がそっくりそのまま作用して、そこに新たな（人類にとって都合の悪い）出っ張りを生み出す結果になっていることを意味しているのだ』と。

『そしてその時、世界のどこかに生み出されたその出っ張りは、人類が自然のありかたを不用意に歪めた結果なので、元々あった不都合より、より重大な不都合として行く手に立ちはだかってしまうことになるのだ』と。

つまり、

『人類がこの先、どのように進化し、どれほど高度な科学力を手にしたとしても、そのことによって世界を人間にとってだけ都合のいいように作り替えようとするのであれば、それは必ず、人類を育んでいる自然の中にその反作用として生み出されていく、人間にとってのより不都合な自然現象と常にワンセットである』と。

われわれはともすれば、自然というものが、そこに存在している「すべての生物」「すべての環境」「すべての現象」といったものの総合的な働きの結果として生み落とされ、育まれ、維持運営されているものであるということを忘れがちです。

そのためわれわれは、人類に病をもたらすウイルスや、生活するのに不都合な環境を排除し、人類の役に立つ生物を増やしたり、新たに作り出したりしていけばいくほどに、この世界は人類にとって快適で住みやすい世界になっていくに違いないというような考えにたやすく陥ります。

しかしヴェーダーンタは、

『それは、頭脳が描き出しただけの愚かな迷妄であり、現実は決してそのようにはならない』と告げます。

なぜなら、自然というものは、自然の中に存在するもののすべての働きの中で作り上げられているものだからです。

自然というものが、すべての生物の働きと、すべての環境が生み出す現象によって作られているものである以上、そこに人類にとってどれほど都合の悪い生物や、現象や、環境が存在していたとしても、それらのすべては、全体的な自然そのものにとっては必要不可欠な存在であることを意味しているからです。

つまり、「自然の中に、人間にとって不都合な生物は存在していたとしても、自然にとって不都合な生物や、必要のない生物などただの一つも存在していない」のだということなのです。

したがって、「人類と、人類に病をもたらすウイルスという二者の関係を取り上げた場合、その双方の統括者である自然は、その二者の間に戦いが起こった場合、その戦いの結果が、どちらにも決定的な勝者も敗者も生み出さないような、常に引き分けに終わるような絶妙な力関係の中で育んでいるはずである」という生命モデルをわれわれに突きつけてくることになるのです。

そして、その生命モデルがわれわれに突きつけてくる命題というものは、「われわれ人類の側に、病気やウイルスを滅ぼそうとする力が医学として存在している事実が逆説的に暗示していることは、病気やウイルスのほうにも、そうした人類の力に対抗して生き残るための潜在的な力を自然は必ず与えた上で育んでいるはずである」というものです。

そしてそうして構築されていく生命モデルは、われわれに対して、「この先人類がどこまで医学を発達させたとしても、その結果として得られる医学の勝利は常に一時的なものでしかなく、その勝利のあとには必ず進化によって態勢を立て直した病の側からの、新たな、より強力な反撃が加えられ、その戦いは、どこまでいっても決して決着を見ることのない、永遠のイタチごっこに終わらざるを得ないのだ」ということを教えるものになるのです。

こうした形而上学の姿をとってわれわれに突きつけられてくる生命モデルというものは、自然科学として取り扱えないものであるため、これまでは、まともな人間が係わるべきではない絵空事として無視されてきました。

しかし、それが本当に、「まともな人間が係わるべきではない絵空事」として無視し続けていいものかどうかは、われわれの一人ひとりが、目の前の現実を、ただ、あるがままに直視さえすれば分かるはずのものなのです。

少なくともこうした生命モデルの正しさは、かつて夢の治療薬として登場してきた抗生物質が、それを使って治療すればするほどに、一時的には医学が勝利を収めたかに見える状況の陰では、抗生物質によって手痛い打撃を受けた病原菌が逆にその薬の毒性を利用して巧みに進化し、更に強力な（薬によっては殺すことの不可能な）耐性菌となってわれわれの前に立ちはだかり始めていることや、自然界にはウイルスという遺伝子の運び屋が存在し、あらゆる無毒な細菌が、そのウイルスの行う遺伝子の組み替えによって、常に有毒な未知の病原菌へと作り替えられる可能性を持っているということの発見や、その学説の予測したとおりに遺伝子を組み換えられながら毒性と伝染性の双方を強めながら進化している鳥インフルエンザ由来の新型インフルエンザがわれわれ人類の未来に重大な暗雲を投げかけ始めているという事実などによって証明されていることなのです。

われわれは今まで、医学がこれまでに為し遂げてきた輝かしい勝利の話や、これから医学が為し遂げていくであろう輝かしい勝利の話、医学がわれわれ人類にもたらすであろう夢の新薬、夢の医療技術、夢の医療体制といった話をどれほど聞かされてきたかしれません。

しかし、その結果としてわれわれの目の前にやって来ている現実はどうでしょう。

それは本当に、われわれがこれまで聞かされ続けてきたような、医学の発達によって、一つ、また一つとそれまで人類を苦しめていた病から解放され、健康を謳歌しながら人生を全う出来るようなものとしてわれわれの前に存在しているのでしょうか？

それともそれは、医学が発達すればするほどに、医者や病院が国中に行き渡れば行き渡るほどに、それを必要とする病人もまた増え続け、新たな治療薬が開発されればされただけ新たな病も世界のどこかに発生し続け、新たな治療法や医療技術が開発されればされただけ、それによって救われる人がいる反面、その治療が原因となって生み出されていく新たな問題や悲劇もまた増え続けているという、非常に奇妙なものになってはいないのでしょうか？

あるがままの現実を真に冷静に眺めるならば、そこには、それまで成人や老人特有の病だったものがいつの間にか子供をも蝕み始め、子供特有の病気だったものが成人を蝕み始めているというような非常に奇妙な事態は起こっていないでしょうか？

かつて医学が「根絶した！」とわれわれに向かって高らかに宣言してきた病の多くが、実は今なお、われわれの知らないところで息を潜めながら、秘かな進化の中で人類への反撃の時を待っているのだということを、人類が自らに降りかかる病を力任せに叩きつぶそうとすればするほどに、そうした人類の思惑を嘲笑うかのようにして、人類の体や心を蝕む新たな病が次から次へと発生し、人類の未来に立ちはだかり始めているというような現実をわれわれは見聞きしてはいないでしょうか？

そうした現実を突きつけられてもなお、われわれは、人類がやがてそうした事態に陥ることを、幾千年もの過去において予見し、警告してきた、ヴェーダやヴェーダーンタに開示されている生命モデルや宇宙モデルを、「それは科学ではない」というだけの理由によって無視し続けるべきなのでしょうか。

科学を知る現代の人は賢く、科学を知らなかった古の人は愚かで、その教えに耳を傾ける必要などないと言い張るつもりなのでしょうか。

ヴェーダ及びヴェーダーンタに開示されている生命モデル、宇宙モデルは、『このまま人類が、人類の側の一方的な都合だけを持ち出して、全体的な自然の言い分を全く無視した傲慢なやり方で自然を好き勝手に作り替えようとするならば、その結果として人類が手に入れることが出来るものは、豊かさでも快適さでも便利さでもなく、その反作用として自然の摂理が生み落とす、人類が手にした豊かさも快適さも便利さも打ち砕こうとする新たな災害であり、もし人類が、人類の側の一方的な都合だけを持ち出して、病をなりふり構わぬ力ずくで滅ぼそうとするのならば、その結果として人類が手に入れるものは健康でも幸福でもなく、その反作用として自然の摂理が生み落とす新たな病であり悲劇である』とさえ警告してきます。

しかし、だからといって、人類が科学や医学を発達させることによって、自らの健康と繁栄を求めてはいけないと言っているわけではないのです。

ただ、

『敵対する勢力への力ずくでの戦いが、勝っても負けても真の平和を生み出さず、新たな戦いの火種や、戦いのための戦いしか生み出していかないように、手段を選ばぬ傲慢さですべての環境を人類にとってだけ都合のいいように作り替えようとする科学や、病を力ずくで滅ぼそうとするような医学というものもまた、決して人類に真の健康をもたらすこともなく、真の幸福にも貢献しない』と警告しているだけなのです。

医学に限定して言うならば、

『死というものが、すべての人の人生から絶対に排除出来ないものであり、最後には必ず受け入れてこの世を去っていかなければならないものである以上、病の中で死を迎えることは医療にとっての敗北でもなければ、ましてや人にとっての敗北でもあり得ないということを人は常に肝に命じ、医療は、人の体や人生を、病と医療との戦いの場へと変えてしまうような傲慢さに決して陥るべきではないのだ』と言っているだけなのです。

『病も死も、共に人生から排除することの不可能な人生の一部である以上、医療は、決して患者に病との戦い以外の選択肢を与えないような治療絶対主義的なものになるべきではなく、病を、人生を彩る一つの風景として受け入れながら人生を終わろうとする人々の思いにも積極的に耳を貸そうとする医療こそが、……人の言い分だけではなく、病や、人と病の双方を統括する自然の言い分にさえ耳を傾けながら、その人にとっての最善の医療とは何なのか？　ということを常に模索し続ける医療こそが、人の幸福に貢献する医療としては、より望ましい医療である』と助言してくるだけなのです。

繰り返しますが、ヴェーダ及びヴェーダーンタは、自然を人類のエゴによって支配しようとすることの危険性を警告してはいますが、決して自然の恩恵を活用しながらより幸福に繁栄していこうとすることを戒めているわけではないのです。

そうではなく、そうするための真に正しい方法を、（自然科学とは全く異なった観点から）微に入り細にわたって教えようとしているものなのです。

しかし、そうしたヴェーダ及びヴェーダーンタの教えを理解する力は、残念ながら頭脳には存在していません。

したがって、人がそれを単なる哲学や思想の類として頭で理解しようとするのであれば、どれほどの熱意と情熱の中で学んだとしても、そうして得られる理解そのものがどこまでいっても頭脳の生み出す迷妄でしかあり得ないため、そこに開示されている真の教えの意味を、あるがままの叡智として理解することは絶対に不可能なのだと断言しているだけなのです。

『それは、あなた方が見失って生きる、あなた方の真の本性である、魂の内なる叡智である霊性に立ち返った時にのみ理解されるのだ』と。


われわれが、頭脳というコンピューターを通してのみ自然を理解しようとするならば、われわれがそこに物質として観測することの出来る物理現象にだけ目を奪われて、自然が自らの〔存在〕の真の深遠に隠し持っている神秘を見いだすことは永遠に不可能です。

しかし、頭脳が生み出す知的な迷妄を離れ、自らの内なる叡智である霊性に立ち返って眺めるならば、われわれはそこに、人知の窺い知れない神秘の営みの中ですべての生物を生み出し、育んでいる、母なる自然としての姿を見いだします。

母と名の付くすべての母親は、自らが生んだ子供がいかに愚かで、親不孝であったとしても、母性愛ゆえに、生きるために必要なもののすべてを与えながら育てます。

そして、それが許されるものであれば、その子供が欲しがるものを出来る限り聞き入れて、身を削ってでも用立てて与えることさえします。

しかし、われわれを生み落とした偉大な自然という母には、人類以外にも（最も原始的な生命体であるアメーバから高度に進化した哺乳類に至るまで）無数の子供としての生物が存在します。

したがって、そうしたすべての生物の母である自然は、人類の言い分だけを聞いて、欲しがるものを無制限に与えるわけにはいかないのです。

真に賢く、徳の高い子供であればそのことをすぐに理解し、それ以上の我が儘を言って母親を困らせるようなことはしません。

しかし、愚かで利己的な子供は、母親をどれほど嘆き悲しませたとしても、鞭打ってでもそれを奪い取ろうとします。

たとえその事で母親が血を流し、涙を流したとしても、自らの欲望を叶えるためには気に留めようともしません。

我が儘放題、したい放題に振る舞い、母親と自らの幼い兄弟姉妹たちの幸福と生活のすべてを踏みにじり続けます。

そしてそれが、知恵の力によって万物の頂点に立ったと主張する人類が、このわずか数百年の間に母なる自然にしてきた仕打ちそのものなのです。

母親を鞭打ち、その母親の流す血と涙の中で手に入れた富の中で、自分だけ面白可笑しく遊び呆けて生きようとするような子供が、どうしてその人生で真の幸せなど勝ち取ることが出来るでしょうか？

母親は母性愛ゆえにどのような子供であったとしても自らの手で滅ぼそうとはせず、様々な戒めと説得の中、改心を待つかもしれません。

しかし、度が過ぎた悪行は、例外なくいずれ法によって裁かれることになります。

それが天の法であればなおさらです。

天の法とは、唯物論者にも理解出来るように言えば、原初においてこの宇宙そのものを生み落とし、今なお育んでいる自然の摂理です。

かつての世界において、そうしたことを若者たちに教えるのは、世俗から隠遁し、達観の境地に至った老人たちの仕事でした。

われわれの世界からそうした老人たちが姿を消し始めた瞬間から、人類の歩みは今ある堕落へと、破滅へと向かい始めたのです。

したがって、われわれが本当に、目の前に差し迫っている危機を回避したいのであれば、そうした叡知に輝く隠遁の賢者たちを何としてでも見つけ出す必要があります。

もし仮に、既にそうした人々がわれわれの世界から消え去っているのであれば、せめてそうした人々が残した教えの一つでも見つけ出さなければなりません。

……そしてその時、人が信じるかどうかは別にして、秘められたインド、聖なるインドを探究した多くの異邦人たちが、そこには今なお、真の叡知を悟った人々がリシとしてヨーギとして隠れ潜んでいることを秘かに伝え続けてきたという事実があるのです。

そうした賢者たちの口から語られるヴェーダーンタは、幾千年もの時を越えて、われわれにこう語り掛けてきます。

『人を破滅させる最大の要因は欲望であり、人をして世界を破滅へと導く最大の要因もまた、欲望である』と。

なぜなら、

『人の欲望というものは、一つの願いが叶えられれば、その叶えられた欲望を燃料として更に激しく燃え盛っていく炎のようなものであり、望んでいた何かを手に入れたからといって満足して鎮火するようなことは決してなく、手に入れたものが多ければ多いほど、それ以上のものを求めて、より強く、より激しく燃え続け、世界をその炎で焼き尽くすか、自らが滅びるかするまで消えないものだからである』と。

したがって、

『もし人類の文化が、自らの欲望を適切なレベルに制御しようとするものから、無制限に解放しようとするようなものに変わったとするなら、その瞬間から人類は、自らと、自らを育む世界の双方を滅ぼすための道を突き進んでいくことになる』と。

人類の歩んできた歴史を振り返るなら、そこには常に飢えや貧困に苦しむ多くの人々が存在してきたことを知ることが出来ます。

人類の歩んできた歴史は、ある意味で、そうした飢えや貧困から人々を救うための努力の歴史でもありました。

そしてその努力の結果として、人類は科学を手に入れ、その科学によって今ある繁栄を手にしたのです。

間違いなく、科学は人類を豊かにしました。

しかし、皮肉なことに、世界が科学によって豊かになっていけばいくほどに、物質で溢れていけばいくほどに、飢えや貧困に苦しむ人々もまた増えていき、生活が豊かになればなるほどに、便利になればなるほどに、人の心の中の、「より豊かで、より快適な生活に対する飢えや渇き」もまた、耐えがたいほどに増大し続けてきたのです。

そして、その現実を前にして、ほとんどの人々は途方に暮れてしまいます。

心の飢えや渇きはともかくとして、なぜ世界が豊かになっていけばいくほどに、物質で溢れていけばいくほどに、その世界の片隅では飢えや貧困に苦しむ人々もまた増えているのかが理解出来ないからです。

しかし、ヴェーダーンタは、

『それは当たり前過ぎるほどに当たり前の出来事である』と告げてきます。

なぜなら、そもそも、この世に飢えや貧困に苦しむ人々が存在しているのは、自然にそうした人々を養っていくだけの富や食料が不足しているからではなく、自然がすべての人々のために生み出し続けている富や食料を、一部の人々が独占したり浪費したりしている結果にすぎないだけのことだからです。

人類の飢えや貧困の原因が、富を提供している自然の側にあるのではなく、富を消費している人類の側にある以上、人類が自然からどれほど多くの富を毟《むし》り取ることの出来る科学技術を手に入れたとしても、だからといってその問題が解決されることはあり得ないのです。

なぜなら、それはただ単に、富める人と貧しい人の格差を広げていく原動力にしかならないからです。

しかし、だからといってその問題は、資本主義を共産主義や社会主義に変えることによって解決出来るような問題としても存在してはいません。

なぜなら、共産主義や社会主義といったものによって、物質的、金銭的な貧富の格差を解消しようとしたとしても、人の欲望というものが、物欲以外に、権力欲、名誉欲、肉欲、自己顕示欲といった無数のものによって織りなされ、そうしたものが生み出す嫉妬や傲慢や妬みや争いや不正といったあらゆる悪の温床となるものである以上、そうしたものの一つひとつを物理的な社会制度によって強制的に解消していくことなど一〇〇パーセント不可能なことだからです。

このことを真に理解出来ないのであれば、そうした人々には、初めから政治や科学や哲学や経済を語る資格などないのです。

つまり、今の世界が抱え込んでしまっている問題のすべては、社会制度や政治形態に問題があるからではなく、われわれの一人ひとりが自らの欲望を適切なレベルにコントロールすることを怠った結果として起こっていることなのです。

そして、そうである以上、今後も人類が、自らの欲望を適切なレベルにコントロールすることがないのであれば、いかなる努力によってもこの問題が解決されることはなく、自らが自らの中に隠し持っているあらゆるタイプの欲望を適切にコントロールする事に成功した時にのみ、それは自動的に解決していくものであるということを意味しているだけのことなのです。

したがってヴェーダーンタは、幾千年もの古から人類に向かって、

『教育にとって最も重要なことは、学問としての様々な知識を教え込むことではなく、自らの欲望を〔自由〕という主張に変えて無制限に手に入れようとする衝動を自制することの重要性を教えることである』と教え諭してきたのです。

なぜなら、

『自然には、たとえどれほどの数の人類が地上に生み落とされ繁栄したとしても、そこに生きるすべての人々の必要を満たし育んでいくだけの十分な富は用意されている。しかし、その自然のどこにも、たった一人の人間の心の中で燃え盛る欲望でさえ、無制限に満たし尽くすことの出来るような富などはどこにも存在していないからである』と。

一見すると、こうした教えは、人々に禁欲を強いるものであり、人々が追い求めている幸福から遠ざけるものであるように聞こえるかもしれません。

しかし、そうではありません。

なぜなら、人が欲望のままに生きる人生というものは、自由を謳歌する素晴らしいもののように感じるかもしれませんが、実は全く違っていて、欲望に支配され、欲望に鞭打たれながら欲望の奴隷として生きなければならない惨めで苦痛に満ちた卑賤なものでしかないからです。

人の心が欲望に支配されている時、その人には真の自由も幸福もありません。

それは、人が誰かの支配を受けている時、その人には、自らの権利として主張出来るようないかなる自由も幸福も存在しないのと同じです。


ヴェーダーンタは告げます。

『人は、誰もが自由を夢見て生きている。そして、自分にとって真の自由とは、「欲望のおもむくままに勝手気儘に生きることである」と考えている。人は愚かであるため、自分が「欲望のおもむくままに勝手気儘に生きる」ということは、自らの心を欲望に支配され、欲望の要求に鞭打たれながら〔欲望の奴隷〕として人生を生きることを意味しているのだということに気づくことはない。その時人は、誰一人として、欲望を自らの意志によって支配する主人として生きていないのだということに気がつけないのである。主人でない者に、真の自由などあり得ないのだということに……』

『どのような奴隷でも、主人に課せられた仕事をやり遂げれば褒美をもらえる。人々が欲望の欲しがるものを手に入れた時や、何かを達成した時に得ることの出来る歓喜や幸福感はちょうどその〔褒美〕のようなものである。しかし次の瞬間、その幸福は癒されることのない新たな欲望の渇きとなってその者を鞭打ってくる。それは、奴隷が奴隷であり続ける限り、どのような仕事を為し遂げたとしても、決して主人の与える過酷な仕事から解放されることはないように、常に次の仕事へと駆り立てるために鞭打ってくるのである』と。

『あらゆる古の賢者たちの教えの精髄が、たった一つの例外もなく、「人が欲望を捨て去った時に初めて、人はこの世の束縛や苦しみから永遠に解放される」と証言している真の理由はそこにあるのである』と。

例えば、誰かが食欲の完全な支配下に陥ったとします。

その時、その誰かを支配した食欲は、その誰かに無限の食欲を授けます。

その誰かは、何を食べても美味しく、食事こそが自分の最高の幸せだと感じ、好きなものを好きなだけ食べることは自分に許された自由だと考えます。

しかしその考えも、食べ過ぎによる肥満と、肥満を原因とする様々な病を患うことによって終焉の時を迎えます。

その時になって初めて人は、自分のベストの体型と、健康を取り戻すために食事の量を減らしたいと考えます。

しかし彼は、どれほど努力しても、食事の量をただの一グラムといえども減らすことが出来ません。

四〇キロだった体重が、五〇キロになり、七〇キロになり、一〇〇キロを超えたとしても、その誰かは泣きながらでも食べ続けます。

なぜなら、その人を動かしているのはもはやその人の意志ではなく、その人を支配している食欲だからです。

そしてその時になって初めて人は気づくのです。

「食べたい時に、食べたい物を、食べたいだけ食べる」という生きかたは、決して自分の勝ち取った自由な食生活を意味していたのではなく、食欲という姿をとった欲望の奴隷として操られていただけのものでしかなかったのだ』ということに。

「人にとっての真の食の自由とは、食欲が『食べたい』と働きかけてくる時に食べたいものを食べたいだけ食べることでも、『食べたい』と訴えかけてくるものを食べることでもなく、自分が食べると意志した時間まで食欲の要求をはねつけて食べないでいることや、自らが『食べるべき』と判断したものを『自らが食べるべきである』と判断した量だけしか食べないということによって、食欲を自らの意志の力によってコントロールすることによってしか勝ち取っていけないものなのだ」と。

「そしてそれと同じことが、人間に付きまとうすべての欲望、……権力欲、名誉欲、自己顕示欲、性欲、独占欲といった、他のすべての欲について言えるのだ」と。

「すべての人間を、崇高な人間性から愚劣な畜生性へ、美から醜へ、善から悪へと貶《おとし》めていくのは、人の心の中で育っていく欲望の力なのだ」と。

したがって、「人にとって最も重要な教育とは、頭に知識を詰め込むことでも、他者に秀でた才能や知能を育てることでもなく、自らの心を支配しようとするすべての欲望に目を光らせ、欲望が心に芽生えたと感じたその瞬間から、その欲望を自らの意志の支配下に置き、決して野放しに育つことを許そうとしない態度を身につけることの重要性を教える心の教育なのだ」と。

われわれの世界において、教育とはたった一つの例外もなく、与えられる知識のことであり、その知識を活用するための頭脳を発達させるための知的訓練のことです。

それによって、社会の発展や人々の幸福に貢献する人材の育成が可能であると考えられています。

しかし、ヴェーダやヴェーダーンタの落とし子であるインドの聖賢、聖者たちは違います。

彼らは、子供たちに知識を詰め込み、頭脳を鍛えることによって、人類の未来を切り開くことの出来る賢者を育成しようと夢見るような社会に対しては、次のような簡潔な言葉で切り捨てて嘲笑います。

『いかなる社会も、子供に多くの知識を詰め込み、知能を発達させる訓練を施すことによって賢者を育成することは出来ない。

そのような教育によって社会が育成出来るものは、せいぜい雄弁で博識な愚者だけである』と。

その理由は、この章で既に述べてきたとおりのことです。

敢えて蛇足として付け加えるなら、人が頭で考えつくもののすべては、たった一つの例外もなく、頭脳という（細胞という素材で作られ、生命というエネルギーによって作動する）コンピューターが、知識として入力された情報を基にして行う、計算、整理、組み替えによる論理的な建設物のことであり、コンピューターがどれほど多くの記憶容量、処理能力、処理スピードを持っていたとしても、そのコンピュータに導き出せる答えのすべて、建設出来る論理のすべては、あらかじめ与えられていた情報を基にして作り上げられた、単なる〔情報の羅列〕でしかないということなのです。

『真理が何であるかを知らない人々が、真理という知的ソフトをインストールされていない頭脳というコンピューターを使って、この世の何を学び、何を調査研究し、この世の何を探究していったとしても、そのようにして生み落とされていく考察や推論のすべては真理に立脚したものではあり得ず、真理に立脚していない考察や推論からなる思考をどれほど複雑に組み合わせて、理論や哲学を建設していったとしても、そうして建設された理論や哲学が真理に立脚したものになることなど、原理的にあり得ないことなのだ」と。

『したがって、人類が今までの歴史の中で頭脳の生み出す知恵や思考によって建設してきたもののすべて、生命モデル、宇宙モデルといったもののすべては、たとえそれがどれほど高度な自然科学の理論や発見に基づいたものであれ、深遠な哲学に立脚したものであれ、この世の真理を開示するものではなく、自然が与える情報の断片を組み合わせながら人類の頭脳が建設してきた知的迷妄にすぎないのだ』とヴェーダーンタは切り捨てるのです。

ただ切り捨てるだけではなく、『それは、これから先に発見されることのすべてについても言えることであり、人がもしこのまま頭脳というコンピューターだけに頼りながらこの世の真実を探究し続けるのであれば、それを行う人の頭脳が優れたものであればあるほどに、その努力が真摯で熱意に満ちたものであればあるほどに、人はこの世の真実と、自らの頭脳が生み出していく迷妄とを取り違えながら、全く見当外れの生命モデルや宇宙モデルを建設していくことになるだけなのだ』と強く警告するのです。

しかも、『頭脳というコンピューターがあくまで人の心によって使用される道具である以上、そのコンピューターが人や社会に益するのは、徳高い人格者の手に渡った時だけであって、邪悪で愚劣な人々の手に渡れば、そのコンピューターが高性能であればあるほどに、人や社会に過ちや災いをもたらしていくことになるのだ』と。

だからこそ、『人がただ単に頭がいいということは、人類や社会にとって何ら有益でもなければ、人としての美徳でもあり得ないのだ』と。

インドの賢者たちは、頭脳の力をわれわれのようには高く評価しません。

高く評価しないどころか、『それは狂った猿のようなものである』と評して、頭脳が生み出す知恵だけを導き手として未来へ突き進んでいくことへの危険性を強く警告してきます。

なぜなら、『頭脳に秘められた力とは、どこまでいってもコンピューターと同じであり、人類が乗り回す車の性能を限りなく高めるためには役立ったとしても、大勢の人々が車を安全に乗り回す時に必要不可欠となってくる、人としてのモラルや他者への思いやり、自制心や正義感や良心や情緒といったものの構築には全く役に立たないものだからである』と。

『そして、そのことは、頭脳の産物である数学や自然科学によって、愛や正義や道徳や規律といったものが全く取り扱えないものであるという事実が如実に証明していることなのである』と。

『人に人としての価値を与えることの出来る力は頭脳には存在しておらず、それは頭脳の生み出す唯物論によっては取り扱うことの不可能な、……人の心に、人としての〔愛〕や〔生き方〕や〔存在意義』といったものを無条件に追い求めさせる、霊性という神秘の領域に秘められているのである』と。

したがって、『人が自らの本性である霊性を見失ったままに頭脳に暴走を許すなら、それが出発点においてどれほど人類の未来に貢献するものに見えていたとしても、必ずやある時点において人類を破滅へと導くための原動力へと姿を変えていく』と。

『それは交通法規を無視して暴走している車のほうが、事故を起こすまでは交通法規を守って運転している車よりも面白可笑しく、乗客を楽しませながら目的地へ運んでいるように見えていたとしても、いずれは悲惨な事故を起こすことが避けられないのと同じように避けられないことなのである』と。

『しかし、頭脳はそれを認めたがらない。なぜなら、それを認めれば、頭脳は再び霊性の生み出す、規律や秩序といったものの支配下に置かれなければならないことを知っているからである。

頭脳が生み出す知恵や思惟の本質は、狂った猿のようなものであるために、何者の支配も受けずに気儘に暴走していたいのである。

だから、頭脳は常に、人々が霊性に目覚めることを、唯物論の中で阻止し続けようとするのである。

たとえ、そのことによって世界が滅びたとしても「ああ面白かった！　と言って終わればいいだけのことさ」とうそぶくようにして』と。

したがって、『頭が良いことが人間として価値あることだと考え、教育の目的を知能や才能の開発の手段と位置づけるような世界では、科学や娯楽は発達しても、人間を真に人間として輝かせるための美徳や人格、道徳や正義や秩序といったものはすべて失われていくのだ』と。

『そうした世界では、正義よりも、人を出し抜くための不正が価値を持つようになり、人は「頭が良いということは、いかに他人を出し抜くための不正を合法的に行って私財を築けるかである」と考えるようにさえなるのだ』と。

そして、『そのようにして出来上がったのが、正しく今の世界なのだ』と。

ヴェーダやヴェーダーンタの落とし子であるリシ（賢者）たちの説く教えは、慈悲に満ち、甘美である反面、その教えの本質はわれわれの世界のあらゆる常識や価値観から超越的であり続けています。たとえば、われわれの世界では、もし人が、あらゆる精進努力の中で働き、富や地位や名誉や権力といったものの頂点に立つことが出来たなら、その者を無条件に偉大だとして讃えます。

しかし、ヒンドゥーのリシたちは、『そのような人生には、ほとんど意味などない』として嘲笑います。

なぜなら、この世に用意されている、富や、地位や、名誉や、権力といったものは、手に入れることに価値があるのではなく、どう使うかによってしか価値を持つことが出来ないものだからです。

人がそのことを忘れて、ただ単に、自らの欲望を叶えるためだけに、そうしたものを自らの人生の中に獲得してきたのであれば、それはどこまでいっても、その者が、そうしたものを追い求めさせる欲望の奴隷として鞭打たれて生きてきただけの愚者でしかないことを万人に向かって教えているだけのことにすぎないからです。

われわれの世界のリーダーたちは、いつの頃からか、「人の価値は、人が、富や地位や名誉や権力といったものを、その人生の中でいかに他人より多く勝ち取るかで決まる」とでも言いたいかのような言動を取るようになってきました。

そしてそれは、われわれの世界の指導者たちの多くが、いつの間にか、信じがたいほどの愚者に成り下がってしまっていたことをわれわれに向かって教えているのです。

われわれの世界の指導者たちはいつの頃からか、「欲望こそが人に人生を切り開かせる原動力である」として、物欲、名誉欲、権力欲、出世欲、性欲のようなあらゆる欲望を、ある種高く評価するようにさえなってきています。

「人を、そうしたものの獲得へと駆り立てる欲望は、人生を切り開かせ、社会で偉大な仕事を為し遂げさせる原動力であり、それは倫理や道徳によって一方的に規制するよりは、生存競争を生き残るために利用すべきものなのである」と。

しかしヴェーダーンタは、そうした考えに対しては、完全な異論を唱えて嘲笑います。

『人は、欲望によって人生を切り開いているのではなく、欲望によって、人として為すべきではない誤った行為へと駆り立てられているにすぎない』と。

『人は、欲望があるから社会で偉大な仕事を為し遂げるのではなく、欲望があるから、常に社会において道を誤り、真に偉大な仕事を為し遂げられずにいるのだ』と。

『欲望とは、人に本性として備わっている、〔真〕、〔善〕、〔美〕からなる真の活力を奪い去る病のようなものであり、欲望によって人が駆り立てられる行為とは、ただ単に、熱にうなされてのたうち回っているようなものでしかない』と。

『熱にうなされなければ、人はだれも動き回らず、ただ安楽に寝ているだけであると思い込んでいるのは、そう思う者が生まれながらに健康を知らない哀れな病人だからであるにすぎないのだ』と。『生まれながらに病人である者が、健康になった時に自分がどれほどの活力に満ちているかを知らないように、欲望に支配されて生きる者は、欲望を脱した時の自分がどれほどの自由と活力を得るかを知らないだけである』と。

こうしたヴェーダやヴェーダーンタの落とし子であるリシたちの証言を、われわれの世界の住人たちは誰も信じないかもしれません。信じないばかりか、逆に、「それこそが、現実離れした理想主義者の愚かな妄想である」として嘲笑おうとするかもしれません。

しかし、そうした者たちが寄ってたかってリシたちの言葉を嘲笑おうとしても、実は不可能なのです。

なぜなら、われわれの世界の誰一人として欲望を捨て去った経験がないのに対して、リシたちの言葉は、自らが霊的に到達した至高の境地において、実際に欲望を捨て去ったありのままの体験の上に立った証言だからです。

そうしたリシたちは証言します。

『人の本性は、真であり、善であり、美である。しかし、人の心に取りついた欲望によって、人は自らの行為を、虚偽へと、不善へと、醜悪へと貶められているだけなのだ』と。

たとえそうであったとしても、そうしたリシたちに対して、人は次のように反論するかもしれません。

「しかし、もしそうだとしても、人は欲望があるからこそ、欲望を達成した時の喜びがあるのであって、欲望を捨て去ったならば、人は何一つ喜びを得ることが出来なくなるのではないか？」と。

そして、そうした疑問に対しては、こう告げてきます。

『欲望を満足させた時に人が得る喜びは、欲望によって与えられる喜びである。その喜びが、欲望を捨て去った時に消え去るのは当然である。しかし、それは同時に、それまで欲望によって奪い去られていた、人間としての真の幸福を取り戻す瞬間でもあるのだ』と。

『人間は、どのような成功を為し遂げたあとでも、癒しきれない幸福への渇きに苛まれ続ける。その、誰一人として逃れることの出来ない〔癒しきれない渇きの中で夢見続けている幸福〕、それこそが、実は人が欲望に支配されることによって与えられる束の間の歓喜と引き換えに奪い去られていた、人間として手に入れるべき真の幸福に他ならないのである』と。

『人の本性は、真であり、善であり、美である。だからこそ、人が欲望の支配を受けることによって、自らの行為を、虚偽へと、不善へと、醜悪へと駆り立てられていくならば、それは当然のこととして、自らが自らの手で、人が人として手に入れるべき真の幸福からは遠ざかり続けていることを意味しているのだ』と。

『人を、真に正しい人としての道へと導くもの、社会において真に偉大な仕事を為し遂げさせるもの、……それは欲望ではなく、〔良心〕として働きかけてくる自らの内なる魂の声なのだ』と。

『あなたは気づいていないのであろうか？　人が、自らの存在の深遠から語り掛けてくる〈良心〉という魂の声に耳を閉ざして欲望に従う時、たった一人の例外もなく、人は人としての道を踏み外していくことに』

『あなたは、気づいていないのであろうか？　人が欲望の声に耳を貸さず、自らの魂の声だけに従う時、たった一人の例外もなく、人は人としての真に偉大で崇高な人格を現し、社会において真に偉大な仕事を為し遂げさえするのだということを』

『あなたは気づいていないのであろうか？　あなたが裏切りたくない人を裏切り、悲しませたくない人を悲しませる時、その原因は常に、自らの心にとりついた欲望にあったことに』

『あなたは気づいていないのであろうか？　あなたが自らの理想から滑り落ち、自分自身に絶望する時、その原因は常に、自らの心にとりついた欲望にあったことに』

『あなたは気づいていないのであろうか？　世界中の人々を苦しめ続けている貧困や戦争の原因が、……世界そのものを破壊し続けている環境破壊の原因が、人々の心に取りついた欲望にあることに』

『あなたは気づいていないのであろうか？　たとえどのような奇跡の中でこの世に救世主が現れたとしても、人々の心が変容しない限り、世界は何一つ変わらないのだということに』

　ヴェーダーンタはそう告げた上で、こう続けます。

『心を欲望に支配された人は、たとえ、世界を支配する王となったとしても、世界中の富を独占する富豪となったとしても不幸である』と。

『そうした人々の幸せは、彼らの地位や富に憧れる他人の想像の中にだけあるのであって、彼ら自身の中にはないのだ』と。

『人は愚かであるために、この真実に気づこうとはしない。世界を支配する王がその人生の中で味わっているものは、世界を支配する王としての幸福だけではなく、世界を支配する王としての不幸であり、不安であり、悲劇でしかないのだということに。

人が真に人として生まれてきたことへの幸福を手に入れたいと願うのであれば、それを社会の中に追い求めるべきではなく、自らの心の中に求めるべきなのだということに人は気づこうとはしない。

自らの貴重な人生の日々を、欲望の奴隷としてではなく、欲望を放れたところに花開く、自らの人間性の真の崇高さ、真の美しさ、真の偉大さをその人生の中に表現し尽くすように生きるべきなのだということに』

『なぜなら、人がその人生で味わうことの出来るもののすべては、自らの心の中に育まれているもののすべてと同じでしかないからである』と。

『人の心が美しい時だけ、その心を通して見る世界も美しく、人の心が崇高である時だけ、その心を通して見る世界は崇高で、人の心が愛に満ち溢れている時だけ、その心を通して見る世界は愛に満ち溢れて見えるからである』と。

『人の心が美しさに満ち溢れている時だけその人生は美しく、人の心が崇高である時だけその人生は崇高であり、人の心が愛に満ち溢れている時だけその人生は愛に満ち溢れているからである』と。

ヴェーダーンタは告げます。

『人は、霊的境地の偉大な領域に達したリシやヨーギが、まるで身にまとわりついていたボロ布でも捨て去るようにして、この世の富や権力や安楽といったものに対する興味を捨て去るのを見て恐れる。

しかし彼らは知らない。

そうしてこの世がちらつかせる誘惑への執着を捨て去った者たちこそが、実は、この世に秘められた真の至福を味わっているのだということを。

人がどれほど満ち足りた人生を生きているかは、その者が、どれほど富や名誉や権力を手にしているかということによって計ることは出来ない。

この世に、真に何も欲しがらない者がいたとするなら、実は、その者こそがこの世で最も満ち足りて生きている者なのである。

なぜなら、真に満腹であるものが、目の前に差し出された食べ物の何一つを欲しがることがないように、真に満ち足りて生きている者は、目の前の世界に何があったとしても、そうしたものの何一つも欲しいとは思わないものだからである』と。

『本来そうしたことを悟って、後に続く若者たちに示すのは、人生の到達点に生きる老人たちの仕事なのだ』と。

すべての地位や権力を後進に譲って社会から引退した老人たちが、残された人生で真に為すべきことはそれなのだと。

ヴェーダーンタは、すべての老人たちに向かって、社会の義務から解放される今こそ世俗の喧騒からも欲望からも隠遁し、古の賢者たちが辿った道へと立ち返るべきであると告げてきます。

そのために、自然の摂理は、人々の肉体をある年齢に達した瞬間から衰えさせていくことによって社会活動から引退させ、半ば強制的にそこへと導いているのだと。

老人たちがそこへ立ち返らない限り、人類は真の叡知と人格を取り戻せないのだと。

老人が駄目なら、老人を完全に排除した世代交代の中で若者がリーダーとなって世界を牽引すればいいかというと、決してそうではありません。

なぜなら、自然の摂理というものは元々人類を、年若い世代がすべての年長者を押し退けて導くようには作っていないからです。

自然が、すべての若者を年老いていかせるのは、若者には若者にしか出来ない役目があり、老人には老人にしか出来ない役目があるからに他なりません。

社会は、その双方の働きによって成り立っているものであって、そのどちらが欠けたとしても正しく機能しないものなのです。

そして、そのことに真に気づくべきは若者ではなく、老人たちなのです。

すべての老人たちがそのことに気づき、「部下の犯した過ちのすべては、上司である自分が責任を取るべきものである」として自らを厳しく律しながらことに臨むリーダーのように、「今の若者たちに何らかの憂慮すべき問題があるとすれば、その責任のすべては自分たちの不徳にあったのであって、われわれの不徳のためにそうなった若者たちには何一つの罪もないのだ」として自らを厳しく律するような、潔く、徳高い人格を取り戻すならば、そうした大人たちの影響を不可避に受けて育つ子供たちもまた、自ずと潔く徳高い人格者へと変容していくからです。

人に人格が備わった時、その人格の中には必ず真の叡智も輝き始めます。

そのことを常に人類に向かって教え続けてきたものがヴェーダであり、ヴェーダーンタなのです。

老人たちが、真にそのことに気づき、自らの過ちを見つめ直すのであればそれ以上何もする必要はありません。

なぜなら、それを見た若者たちも、必ずや触発されて後に続こうとするため、世界は自ずと立ち直っていくからです。

現代に生きているすべての老人たちの真の悲劇は、彼らに命を授けた自然の摂理が、肉体の老化と引き換えに、魂の領域での成熟を促しながら、人としての真の完成へと導いているというのに、そのことに全く気づけないままに、死の瞬間まで、若者たちと同じような世俗の娯楽や遊戯や安楽だけを追い求めながら、迫りくる死への恐れや、老いへの嘆きや悲しみの中で道から外れ、奇妙で惨めな、何の実りもない最期を迎え続けていることなのです。

# 第二章　人類至高の叡智

ヴェーダーンタは告げます。

『人の心は常に揺れ動き、ある瞬間には善意に満ち、別のある瞬間には悪意に満ちている。

全く善を為さずに生きてきた悪人はなく、全く悪を為さずに生きてきた善人もまた存在しない。明日、善人になる可能性のない悪人は存在せず、明日、悪人になる可能性のない善人もまた存在しない。だとするならば、誰が悪人で、誰が善人なのかを、いったい誰が言うことが出来るというのであろうか？』と。

『人は無知ゆえに、「この世の悪人を一人残らず滅ぼしたまえ！」と神に祈る。

しかしその時、その祈りがどれほど無意味なものであるかを知らない。

その時、神は、そう祈っている者に対しては密かにこう問い返すしかないのである。

「神がその願いを聞き入れた時、果たして、あなたは生き残れるのであろうか？」と。

「自分の中の悪を隠し庇い立てしながら、他人の悪だけを暴いてそれを裁けと神に祈っているあなた以上の悪人が、果たしてこの世に存在するのであろうか？」』と。

人類は誕生以来、あらゆる政治手法により、統治制度により、あるいは科学や産業技術を発達させることによって理想社会の実現に挑んできたような気がします。

しかし、われわれは誰であれ、直面させられている現実を見る限り、そこで為された努力は徒労に終わったと感じざるを得ないのではないでしょうか？

☆　　☆

資本主義、社会主義、共産主義、無政府主義、独裁政治、民主政治、そして革命……。

そのいずれかの有効性を信じたあらゆるタイプの人々が、その頭上に高々と正義の旗を掲げ、理想社会の実現を目指しながら費やした努力と犠牲のすべては、それまでの世界で人々を苦しめ続けてきたあらゆる問題を、ただ単に、新たな世界の生み出す問題へと模様替えするための原動力になっただけで終わっています。

その事によって世界は、幾多の血塗られた悲劇を歴史の一ページに書き加えただけで、誰かが夢見たような理想に一歩も近づくことはありませんでした。

……でも、それはいったい、なぜであろう？

……なぜ、いつもいつもそんな事になってしまうのであろう？

その思いは、たぶん誰もがその人生の中で一度は抱いたことがあるのではないでしょうか。

そして、多くの人々にとって、その疑問は依然として疑問のままなのではないでしょうか。

しかしヴェーダーンタは、その疑問に対する明確な答えを、発生がいつとも分からない悠久の時の彼方から常に真理を求める求道者たちに向かって開示してきました。

ヴェーダーンタは、自らの存在基盤であるヴェーダに秘められている生命モデル、宇宙モデルを通してこう証言してきます。

『あなたが生まれ落ちた世界というのは、あなたが（自覚出来ない）心の領域に身につけているエゴや欠点、あるいは善や悪のありのままの姿をあなた自身に見せつけるために与えられた、無数の鏡に覆われた世界のようなものなのだ』と。

『あなた方は、生まれ落ちたその世界で出会った人々に対して、許しがたい様々な悪や欠点を見つけ出しては、怒り、憎しみ、あるいは恐怖を感じているかもしれない。しかし、その時のあなた方は正しく、鏡に映った自分の姿に対して、牙を剥き、毛を逆立てながら唸り声を上げている愚かな犬である』と。

この言葉を信じようとしない人々に対しては、ヴェーダーンタはこう続けます。

『あなた方は、その世界で、あらゆるタイプの許しがたい悪人を見てきたと言うかもしれない。

そして、その一方で、信じられないほどの善人がいることも知ったと言うかもしれない。

しかし、あなた方は本当に、自分以上の悪人を見たことがあるのであろうか？

本当に、自分以上の善人を一度でも知ったことがあったのであろうか？

例えば今、あなたの目の前に、完全なる善に身を包んだ何者かが現れたと仮定しよう。

その時、本当にあなたは、あなた自身が身につけている善以上の善を、その者の中に見いだすことが出来るのであろうか?

……いや、それは出来ないのだ。

どのように目の前の海が水を満たしていたとしても、それを汲み取ろうとするあなたに汲み取れる水は、常にあなたの持っている器の大きさだけのものでしかあり得ない。

それと同じように、あなたが出会った善人の中にあなたが見いだせる善は、あなたの自我の中にある善の限界値と同量でしかあり得ない。

その時、あなたの目の前に現れた人にありながらもあなたの計り切れなかった善は、あなたの中で、あらゆる憶測と邪推によって、善以外の何物か(例えば偽善や自己宣伝といった類のもの)に代えてしか理解されることはない。

だからこそ心のねじくれた人々にとっては、どのような聖者(例えばキリストや仏陀)でさえも悪口と迫害の対象にしかならなかったし、逆に、真理を悟ったがゆえに一切の心の欠点を克服した聖者たちは、どのような心のねじくれた人々や邪悪な罪人に対しても、彼らの汚れた人格の深遠に輝く崇高な魂を見いだし、無限の慈悲と慈愛によって救いの手を差し延べながら生涯を全うしたのである『あなた方は誰であれ、自分自身の顔を、自分自身の目で直接見ながら身なりを正すことは出来ない。そうするためには、自分の姿を間接的に映し出すための鏡を利用するしかない。

あなた方がその世界で出会う他人とは、そのようなあなた方に対して自然の摂理が用意しておいた、あなた方が直接知ることが出来ないあなた方の自我を、他者というスクリーンの中に映し出してみせるための鏡のような一面を持って存在しているのである』と。

『あなた方の自我は無限の多面性を隠し持って存在している。そのため、それを映し出す他人という鏡の種類も無数に与えられているのである。

ある者は、その行為の中に、あなたの自覚出来ない悪だけを鮮やかに映し出してみせるための鏡である。

また、別のある者は、あなたの自我が育んでいる善をより良く映し出してみせる鏡である。

ある者は、あなたの欠点をありのままに映し出してみせる鏡であり、別のある者は、あなたの欠点を逆説的に映し出してみせる鏡である。

しかし、そのいずれもが、他人という存在の中に映し出されるために、あなた方はいつまでたってもこの単純な事実に気づくことが出来ずにいるのだ』と。

『しかし、あなたが信じようと信じまいと、これは真実である。

あなたが許しがたく思っている他人の中にあなたが見つけ出している悪の正体とは、あなた自身の心が隠し持っている悪の投影であることにあなたは気づいていない。

その証拠に、あなた方は、他人の中に悪を見る時、その悪と似たようなものを自分も心のどこかに持っていることを本能的に感じ取ってはいないであろうか？

誰かが、自分の犯している罪や過ちを言い逃れるための嘘をついて世間を騙そうとしている場面を見てあなたが怒りにかられる時、そういうあなた自身も、自分の犯した過ちを言い逃れるための嘘をついてその場を切り抜けようとしたことがあることを必ず心のどこかで思い出してはいないであろうか？

　誰かがしてはならない過ちに手を染めているのを見た時、必ずあなたの心は、あなた自身がその人生の中でしてはならない過ちに手を染めようとした瞬間があることを思い出してはいないであろうか？

　そしてそうした時、あなた方の心は、誰一人の例外もなく、ただひたすら、身勝手な詭弁によって自己弁護を企ててはいないであろうか？

「彼らの手を染めている悪より、自分が手を染めてきた悪のほうが遥かに罪は少ない。少なくとも情状酌量の余地は大いにある。したがって、彼らに比べれば自分は遥かに善人であることは間違いのないことだ」というようにして……。

　しかし、それは全く正当なことではない。

　なぜなら、そこにあなた方が見ている善悪の差は、ただ単にあなた方自身が自分を正当化するために描き出したエゴに他ならないからである。

　そのエゴによって、あなた方は自分を、さも善人であるかのように自己暗示にかけ、他人だけが悪いように思い込んでいるだけなのである』

『あなた方の生まれ落ちた世界の歴史は、人々を苦しめていた悪の勢力が、正義の旗印を掲げた勢力によって数限りなく打ち倒されてきたことを教えている。

　しかし、その結果、悪が滅びたはずの世界に善が満ち溢れたことが一度でもあったであろうか？

　いや、それはなかったのである！

いつの場合も、悪を打ち倒したはずの正義は、次の瞬間、新たな正義によって打ち倒されなければならない悪へと姿を変えていったのである。

なぜなら、誰かが悪を憎み滅ぼそうとする時、必ずやその悪を憎む者自身の内面にも、滅ぼそうとする悪とは別のタイプの悪の種が宿っているからである。

悪を倒そうとする者自身が悪の種を宿している以上、どちらの勢力が戦いに勝利したとしても、敗者の悪が権力を失って滅び、勝者の悪が権力という養分を得ることによって育ちながら世界を支配していくという構図が変わることはあり得ないのだ』と。

『もしあなた方が、この真実を無視して、世界の歪みを力ずくで正そうとし続けるのであれば、世界はいつまでたっても、あなた方を、あなた方が世界に対して使った力の分だけ弾き飛ばしただけで終わるしかない』と。

『ある種の、政治的、思想的、宗教的狂信者たちは「しかし、われわれが世の中を力ずくででも作り替えなければ、世界は救えないのだ」と主張するであろう。

「この世に正義や平和を実現するためには、そのための多少の犠牲は必要悪として、避けることが出来ないのだ」と。

しかし、誰かがそれを口にする時、その誰かは、この世に互いに対立する主張があった場合、そのどちらが正しく、そのどちらが間違っているのかを、人は誰であれ、絶対的な立場に立って判断することは出来ないのだということを忘れている。

人が、それを判断しようとする時、それはどこまでいってもその本人にとって〈正しいことであると信じるに値する主張」であるにすぎず、それは本質的に真理とはかけ離れたものでしかないということを忘れているのである。

論争術に秀でた者にとって、不正な行為を正当な行為であると、悪を善であると、嘘を真実であると言いくるめるようなことはたやすいことである。

それは、あらゆる世界の、あらゆる争いや対立の中で行われた殺戮や略奪を含めたあらゆる非人道的な行為が、あらゆる正義の旗印の下で行われてきたことを見ても明らかなことである。

だとするなら、いったい誰が誰に向かって、自分の信じることだけを、奇妙な自惚れの中で「これこそが善であり、正義である！」と傲慢に主張しながら他人を裁くことが出来ると言うのであろう?』

『人は誰であれ、絶対的な立場に立っても客観的な立場に立っても、自分が善と悪、真理と迷妄のどの位置に立っているのかを正しく知ることは出来ない。

だとすれば、自分がどの位置に立っているのかを正しく知ることが出来ない者が、どうして、自分以外の人々がどの位置に立っているのかを指摘することが出来るというのであろう?』

『この世に生まれ落ちた者は誰であれ、自分以外の者の人生を代わりに生きてやることも、その人に代わって、その人の犯した過ちの責任を取ってやることも出来ない。

だとすれば、自分の信じる主義主張や信念のために、他人の人生に立ち入ってその生き方を力ずくで左右しようとするような考えが、本当に正当なことかどうかを、そう思う誰かは常に考え続けていなければならない』

『あなた方はいつの場合でも、自分が生まれ落ちた世界に問題や欠点を見いだした時、その問題を生み出しているのは自分以外の誰かだと思い込んでしまう。

その結果、あらゆる時代のあらゆる人々によって、悪を滅ぼしてくれる者が、救世主として待ち望まれてきた。

誰もが、人知れず「悪人を滅ぼし、善人を救いたまえ！」と神に祈ってきた。

「この世から悪人さえいなくなれば、世界はずっと住みよくなるのだ！」と。

しかし、人がそう神に祈る時、誰一人、自分自身を神に滅ぼされるかもしれない悪人の中に勘定している者はいなかったのである。

誰もが他人の過ちに目敏く、自分の過ちに盲目である。

誰もが他人の過ちを裁きたがり、自分の罪は弁護したがる。

誰もが自分の中の悪を隠し庇い立てしながら、他人の悪だけを暴いてそれを裁けと神に祈ってきたのである。

人は無知ゆえに、自らが「この世の悪人を一人残らず滅ぼしたまえ！」と神に祈る時、その祈りがどれほど無意味なものであるかを知らない。

その時神は、そう祈っている者に対しては秘かにこう問い返すしかないのである。

「神がその願いを聞き入れた時、果たして、あなたは生き残れるのであろうか？」と。

その問い掛けに思い直して、もしその誰かが、「それでは、私より悪人を一人残らず滅ぼしたまえ！」と再び祈り始めたとするならば、その誰かに対しては、神はやはりこう告げるしかなくなってくる。

「自分の中の悪を隠し庇い立てしながら、他人の悪だけを暴いてそれを裁けと神に祈っているあなた以上の悪人が果たしてこの世に存在するのだろうか？」と。

そして、こう諭すしかないのである。

「人の心は常に揺れ動き、ある瞬間には善意に満ち、別のある瞬間には悪意に満ちている。全く善を為さずに生きてきた悪人はなく、全く悪を為さずに生きてきた善人もまた存在しない。明日、善人になる可能性のない悪人は存在せず、明日、悪人になる可能性のない善人もまた存在しない。だとするならば、誰が悪人で、誰が善人なのかを、誰が言うことが出来るというのであろう？」と』

『人は愚かであるため、常に自分以外の誰かを正したいと考えている。そして、自分だけは誰からも正されたくなどないと考えているのである』

『しかし、だとするなら、あなたの人生は何のために存在しているというのであろう？　真実を言えば、あなたの人生は、あなたが、あなた自身を正すために存在しているのである』

『たとえあなたが誰であれ、あなたを正せる者はあなたしかなく、あなたが正せる者も、また、あなた以外にはない』と。

これが、悠久の古から、インドの人々を導き続けてきたヴェーダーンタの不滅の教えなのです。

『この世に生まれ落ちた者は誰であれ、自らの自我に巣くう悪こそが唯一実体を持った悪であり、他人の中に見いだしている悪は、他人が行う行為の中に自らの心が、自らに巣くう悪を投影して見ている悪の幻影にすぎないのだということを知らなければならない』

『あなた方の生まれ落ちた世界に起こり続けている悲劇は、あらゆる政治的、思想的、宗教的指導者たちが、その事を知らない無知の者でしかなかったために、戦うべき悪の実体と、戦うべきではない悪の幻影とを取り違え、幻影が映し出されている罪もない人々や社会を、闇雲に殺戮し破壊してきた結果にすぎないのだ』と。

『それを真に理解した時、人は初めて、正義という名の戦いに駆り立てられることの無意味さを知るのである』と。

『もちろん、人や社会に害を為す犯罪は、社会や人や法によって厳しく取り締まられ、裁かれ、罰せられなければならない。

しかし、問題の核心もまたそこにあるのである。

つまり、社会や人や法によって取り締まられ、裁かれ、撲滅されなければならないものは、人が犯す罪であって、罪を犯した人ではないということである。

即ち、

「罪は憎めど、人は憎まず」

「罪は裁けど、人は裁かず」

「人は救えど、罪は救わず！」

この理念が、ヴェーダーンタが人に教え諭す真の社会正義の姿なのである。

罪を犯した人を裁き、厳しく罰しなければならないのは、社会を犯罪から守るためであると同時に、その犯罪者自身をも、そうしなければ彼が今後も犯し続けるかもしれない罪から救い出し、更生させるためなのである。

つまり犯罪者を厳しく裁き罰するのは、犯罪者自身に自らが犯した罪の重さを自覚させ、二度と罪を繰り返さないように教え諭すことによって彼を更生させ、彼自身と彼の住む社会の双方を（そうしなければ彼が今後も犯し続けるであろう彼の罪から）救うためなのである。

したがって、犯罪者は更生するまでは厳しく裁かれ、罪を問われなければならない。

しかし、と同時に、自らの罪を償って更生した後は、過去を問わずに社会に受け入れ救済されなければならない。

なぜなら、そうすることによってしか、世界から悪や犯罪が排除されていくことはあり得ないからである。

したがって、犯罪者を巧妙な弁護や詭弁や偽証によって、彼が受けるべき量刑から守ろうとするような行為は決して心ある人はすべきではない。

それは法に触れることのない行為であったとしても、犯罪を犯した人の罪よりも、更に重い過ちであり、罪である。

なぜなら、そうすることは、罪を救うだけで、人は決して救わず、その人の属する社会をも駄目にしていくからである』と

ヴェーダの教えは、膨大なものです。

しかし、そのヴェーダが、そうした膨大な教えの中で、人類に真に伝えようとしている教えの核心は、たったの一言しかないと言われています。

その教えとは『（他者を）常に助け、決して傷つけない』というものです。

その他の教えの大半は、それがなぜなのかということをあらゆる角度から教え諭すための補足説明にすぎません。

ヴェーダーンタは告げます。

『世界は、あなたがそれを眺める時、あなたの自我という内面にある善や悪、愛や憎しみ、愚劣さや崇高さといったもののすべてを映し出す鏡である。

あなたが自らのありかたを変えれば、あなたが変わったように、世界もあなたに対して姿を変えていく。

それは、芸術を理解しない人々の前にあっては、ただ邪魔で目ざわりなだけの薄汚れたゴミでしかなかった一枚の絵が、芸術を知る人の前に差し出されるやいなや、魂を洗い流されるほどの感動を生み出す名画に姿を変えていくように姿を変えていくのである。

人が真理を見失っている時、その者の目に映る世界は、正に神などどこにも存在しない廃墟である。

しかし、人が真理に抱かれて世界を見る時、この宇宙は人知を超越した神に抱かれ、神によって育まれている、聖なる魂の学びの場である』

ヴェーダーンタは告げます。

『このことを信じようと信じまいと、これは真実である』と。

『人は誰であれ、その時の気分次第で世界を楽園と感じたり、地獄と感じたりする。

ある瞬間に世界を愛していたかと思えば、次の瞬間にはもう世界を憎んでいる。

誰もが、たった一つしかない世界に生きながらも、どこにも万人にとって同じ価値を持つ唯一の世界は存在していない。

一億の人がいれば、そこには一億種類の美しさや醜さ、価値や恐怖や長所や欠点を身に纏った世界がある。

たった一つしか存在しない世界に、そうした存在するはずのない無数の異なった価値や様相を絶えず生み出し続けているものは何なのか?

それを古の賢者たちは、すべての人たちが追い求めるこの世の富や安楽を打ち捨てた生涯の中で探求し、後に、「それは、人の心が、自らの中に隠し持っている、美しさや醜さ、善意や悪意、長所や欠点といったもののすべてを、あたかもフィルムの中にある映像がスクリーンの上に映し出されていくようにして、自らが見ている世界というスクリーンの上に投影したものである」と悟ったのだ。

『人が、目の前の世界に見いだしている、いかなる喜びも悲しみも、美も醜も、有益も無益も、恐怖も安らぎも、幸福も不幸も、善や悪でさえも、それは世界そのものの中に実体を持って存在しているのではなく、すべてはその世界を見ている人の心の中に、あたかもスクリーンに映像を映し出していくフィルムの中の映像のようにして存在し、それを映写機がスクリーンに映し出して観客に見せていくようにして、自らの外に広がっている世界の事象の上に投影してあなたに見せているにすぎないのだ』と。

『あなたにとって、他人の行為が、ある意味であなたの自我を映し出す鏡として存在しているように、あなたの行為は、あなた以外の人々にとっては、同じように彼らの自我を映し出す鏡としての一面を持って存在していることを知っておかなければならない』

『なぜなら、そのことを悟った者だけが、他人や社会から与えられる評価を気にしながら生きることの愚かを知るからである』

『あなたの属する社会が悪にまみれた社会であるなら、あなたが悪事に加担すれば評価されるし、しなければ非難される。

　犯罪社会にあっては、犯罪は正義であり、犯罪者である仲間を逮捕しようとする警察組織が悪なのである。

　もっと極論すれば、あなたの生まれた種族が人食い人種であったとするなら、あなたが皆と同じように人肉を食べれば受け入れられるが、食べることを拒否したり、批判したりすれば様々な迫害を受けたり、非難にさらされることになるのである。

　他人や世間が人に与える評価とは、それがたとえどれほどの名誉や好意に満ちたものであったとしても、逆に、侮蔑や悪意に満ちたものであったとしても、本質的にはただそれだけのものでしかないのである。

　その時、彼らが口にしたあなたへの評価とは、ただ単に、あなたの積み上げていく行為というスクリーンの上に、自らの自我に巣くう無知とエゴ（例えば、好き嫌い、偏見、自惚れ、自己愛、妬み、都合の善し悪しなど）を映し出して騒ぎ立ててみせただけにすぎず、あなた自身のありのままの存在価値とは何の関係もないものである』と。

そして『だからこそ、あなたは、自分のいかなる判断基準によっても、他人への正しい評価を下すことは出来ないし、他の誰一人からも正当な評価を受けることは出来ないのだということを肝に命じておかなければならないのである』と言明するのです。

『だからこそ、人は誰であれ、誰一人を秤にかけたり裁こうとすべきではないし、逆に耐えがたい侮辱や不当な評価を誰からか受けたとしても、決して気に病んだりすべきではないのだ』と。

『もしあなたが気にすべきものがあるとすれば、それは他人や社会によって与えられる評価ではなく、あなた自身が、他人や社会に対して与えている評価なのだ』と。

『なぜなら、他人や社会があなたに下す評価の中には、何一つあなたへの真に正しい評価は存在していないが、あなたが他人や社会に下している評価の中には、あなたが知るべきあなた自身の真の姿が映し出されているからである』

『あなたが世界に対して「何の救いもない！」と嘆いてみせる時、真に救いがないのは、本当にあなたを育んでいる世界なのであろうか？

それとも、そう嘆いているあなた自身なのであろうか？

あなたが他人に対して「誰も自分を理解してくれない！」と嘆いてみせる時、果たして世間だけがあなたを理解していないのであろうか？

それともあなたも世間を理解していないのであろうか？

どこかの訳知り顔した大人たちが、若者たちの堕落を嘆いている時、その堕落はそっくりそのまま、もっと救いがたい形で、そうした大人たちの世界にも存在してはいないのであろうか？』

ヴェーダーンタは真理を求めるすべての人々に対してそう問い掛けながら、この世が何のために存在するのか、人間が人間として生まれ落ちることにはどんな意味があるのか、われわれはその人生で何を為さなければならないのか、逆に、何を為すべきではないのか、誕生と死という橋を渡ってどこへ辿り着こうとしているのか、死とは何なのか、神とは何なのか……ということについて、事細かに、愛と忍耐をもって教え諭していくのです。

# 第三章　ヴェーダーンタが近代西洋に解き放った巨星

## スワミ・ヴィヴェーカーナンダという神話

☆　　☆

インドは、不思議な国です。

そしてその不思議さは、世界中のどの国の不思議さとも一線を画していて、まるで似ていません。

インドは、どのような試練にさらされたどのような時代の中にあっても、常に世界に冠たる霊性の大国であり続けてきたにもかかわらず、過去一度として、自らの宗教であるヒンドゥー教を、他国はおろか、自分の国に住む異教徒たちにさえ押しつけることをしなかった国です。

そして、東洋の智のルーツはすべてインドにあると言われるほどの英知に輝く賢者たちを悠久の歴史の中に生み出し続け、その歴史の大半において世界に冠たる大国であり、他国と戦うだけの兵力と経済力を十分に持っていたにもかかわらず、一度として、他国の領土や富を奪うために軍隊を率いて国境を越えたことのない国でもあります。

そして、古の世界のおよそすべての君主たちが、自らを神に最も近い権威に祭り上げることで民を恐れさせ支配したのに対して、インドの君主たちは、この世を力で治める自分たちよりも、自分たちが治める世界で価値を持つもののすべてを捨て、乞食のようにボロ布を身にまとい、木の実や草の根を食べて命を繋ぎながら、この世の真理や、神を悟ることだけを求めながら生きているリシ（賢者）やヨーギ（ヨーガ行者）たちこそが真に偉大な存在であることを人民に向かって宣言し、実際に彼らの足下に跪いて教えを請いながら政治に携わってきたのです。

そして、そうして教えを請う君主たちにリシやヨーギたちが授けたヴェーダーンタの神髄とは、『召使として最も献身的に民衆に仕えることの出来る者が、君主として最も良く国を治めることの出来る者である』ということだったのです。

しかも彼らはそれを単に言葉による机上の学問として教えるのではなく、王家の子供たちをある一定期間、身一つで自らの庵に預かり、王子としての身分の一切を隠したまま、彼らが将来君主として治めるべき国中の家を他の弟子たちと同じように行乞して歩かせ、人々が差し出す施しによって命を繋がせることによって、君主として国を治めるということが何であるかを学ばせていったのです。

そうした古の世界の証言者として現代に生き残ってきた王族の末裔たちは、口を揃えてこうわれわれに告げてくるのです。

「そうしたリシやヨーギたちの偉大な魂の導きによって、かつてインドは文明の頂点に立ったのだ」

と。

そして、「われわれの国から、これらの偉大なリシやヨーギたちが姿を隠し始めた時から、一切の衰退は始まったのだ」と。

したがって、他の世界のほとんどすべての国の文化が、政治や経済の表現であるのに対して、インドの文化は一切がヴェーダの表現であり、ヴェーダーンタの表現なのです。

ヴェーダやヴェーダーンタがすべてであり、インドからヴェーダやヴェーダーンタを取ったら何も残らないとさえ言われているほどです。

だからこそ、インドではヴェーダを授かって以来、本質的な文化の何一つが変化していません。

そこには、幾千年前の人生哲学があり、幾千年前の価値観がそっくりそのまま生き残っています。

正統的なブラーミンは幾千年とも知れない古のマントラを一字一句違えずに唱え、その教えに忠実にしたがった生き方を今なお実践しています。

数世紀にわたる全面的な西洋諸国による植民地支配によって、表面的な部分（つまり世俗的な部分）では見る影もないほどに大きく損なわれましたが、それでも本質的には失われたものは何もなかったと言っていいくらいにそれは、世俗のインドとは一線を画した神秘の領域に隠れ住むようにして生き残っています。

しかし、ヴェーダがヴェーダとしてインドを支えているわけではありません。

ヴェーダはあまりにも難解であるために一般の人々には理解出来ません。

そこでヴェーダは、インドが生み出し続けてきた幾多のリシたちの叡知によって解き明かされてきた教えの集大成としてのヴェーダーンタに姿を変えてインドを支えてきました。

ヴェーダーンタの精髄を体現するようなヒンドゥーの賢者たちの叡知が、どれほど驚異的なものであるかをわれわれはほとんど誰一人知りません。

なぜならそれは、我が国に一度としてまともに紹介されたことはないからです。

しかし、ヒンドゥーの賢者たちの叡知がどれほど驚異的なものであるかを、他の文明国の誰もが知らなかったわけではありません。

それは、今からおよそ一一五年ほど前、……西洋が進化論や物理学の領域において誰も予想していなかったような信じがたい発見を積み重ねながら、一つ、また一つと、宇宙開闢の謎や、この世の根源的な成り立ちに係わる謎を解き明かしながら二〇世紀という新たな時代へと突き進みつつあった正にその時に、ヴェーダやヴェーダーンタなどという異教徒の崇める聖典に開示されている非科学的な宇宙論や生命論などとは最も無縁であるはずの権威のある学問の現場に身をおいているような学識者や、その周りで華やかな知的交流のサロンを設けていた社交界の人々らによって知られていました。

ただ単に知られていただけではなく、真に興味深い学問として受け入れられ、インドから次々と師を呼び寄せたりしながら真摯に学ばれてさえいたのです。

そして、その後に待ち構えていた時代が、量子力学の登場によってアインシュタインさえも一気に過去の人として古典物理学の世界に置き去りにしてしまうほどの激動の中で過ぎていくものであったにもかかわらず、その時西洋に足跡を刻みつけたヴェーダやヴェーダーンタの教えは、そうした時代の荒波に呑み込まれるようにして表面的には姿を消しながらも、決して忘れ去られることなく、逆に踏みつけられれば踏みつけられるほどに地中深くに埋没しながら根を張っていくようにして、主だった国々の学識の領域で市民権を得、（たびたび原爆の父として語られることのあるアメリカの核物理学者ロバート・オッペンハイマーが、ニューメキシコ州において人類初の核実験に成功した時、インタビューを試みた新聞記者に対して語った言葉が、バガヴァッド・ギーターというヴェーダの神髄が語られている聖典の一節を引用したものであったことが物語っているように）、自然科学の最先端に身を置きながら時代を駆け抜けていこうとするような科学者たちにさえ、密かに影響を与え続けてきたのです。

西洋とヴェーダーンタの出会い。

それは一八九三年のアメリカで起こったことです。

その時のインドは、かつて世界中の国々から理想国家として崇められていた時の輝かしい繁栄を見る影もないほどに衰退させ、彼が歩んできた歴史の中で最も没落していました。

その結果としてインドは、国力の落ちたインドに群がってきた西洋諸国の食い物にされるような形で軍門に下り、植民地へと身を落としていたのです。

インドの人々が過酷な労働の中で収穫する富のほとんどすべては、支配者である西洋人によって母国へと持ち去られ、インドの人々に与えられたのは更なる貧困と過酷な労働だけでした。

インドの人々が彼らに奪い去られたのは、インドが生み出す富だけではありませんでした。自らが愛する神々への信仰もヴェーダやヴェーダーンタの教えも笑い物にされ、民族の気高い誇りと文化と生活のすべてがその足下に踏み付けられていました。

そうした状況の中で、インドの人々は『われわれが崇め、従ってきた賢者たちの教えはことごとく意味のない迷信や無知の類にすぎなかったのであろうか？　われわれはヴェーダやヴェーダーンタの教えのすべてを焼き払い、あらゆる寺院を破壊し、聖者たちを追い払い、西洋に学ぶことによって、一からやり直さなければならないのであろうか？』という絶望の中に突き落とされてさえいました。

インドの歴史は、インドがこうした危機に晒された時、そこに必ずヴェーダやヴェーダーンタの栄光を体現する霊性の巨人が生み落とされ、あらゆる危機からインドを救い続けてきたことの歴史です。

そしてこの時もそれは起こりました。

その時そこに繰り広げられたドラマは、インドを呑み込みつつあった危機が、西洋による植民地支配と、ヴェーダやヴェーダーンタを基盤としたインドの霊的文化に対する嘲りによって引き起こされていたことであったため、そうした支配と嘲りを与えている西洋諸国の懐深くに、インドが生み落とした一人の霊性の巨人（スワミ・ヴィヴェーカーナンダという年若い〔三〇歳を過ぎたばかりの〕遍歴僧）を送り込むような形で幕を切って落としています。

彼はその時、愛するインドがどれほど危機的な状況にあるのかを、インドの罪なき同胞たちが西洋列強の植民地支配によってどれほどの恐るべき飢えや貧困に苦しめられているかを、偉大な師ラーマクリシュナ・パラマハンサ（かのマハトマ・ガンジーに「彼の生涯の物語は、生きた宗教の物語である。……彼の生涯の物語を読めば誰しも、神のみが実在、他のすべては幻影であるという確信を持たずにはいられない」と語らせた師）が入滅したあとに旅立った、二年間にも及ぶ全インドへの行脚の中で思い知らされ、その窮状をその年の九月にシカゴで開かれることになっていた宗教会議を通して全世界へ訴えようと、何の公的な後ろ楯も持たない一介の遍歴僧の身分のままにアメリカへと乗り込んで行ったのです。

しかし問題は、その時の彼が、インド政府が身分を保証してアメリカに送り込んだ特使でもなければ、宗教会議に送り出したヒンドゥーの代表でもなかったことです。

インドという地の果てにあるような植民地から、植民地支配されている同胞の救済を支配者である西洋の人々に向かって訴えるために、仲間がかき集めてくれた僅かばかりの渡航資金を懐にアメリカへと乗り込んできたこの若者を最初に待ち受けていたものが何であったかは、一八九〇年代のアメリカにおける人種差別と異教徒に対する扱いというものがどういうものであったかについて多少なりとも知っている人であれば、おそらく想像はつくことだと思います。

勇躍アメリカに乗り込んだスワミ・ヴィヴェーカーナンダを最初に待ち受けていたものは、徹底的な打撃であり、試練でした。

彼は、宗教会議の事務局へ辿り着く以前の手続きの段階で門前払いにされただけではなく、道を尋ねても誰にも相手にされないような状況の中で、すぐにこの異国の地で命を終える覚悟をせざるを得ないような苦境に陥りました。

しかしそれも後になってしまえば、その後に幕を切って落とされることになる、彼とヴェーダを主役とした奇跡のドラマの序章にすぎなかったことを歴史はわれわれに教えています。

結果から言えば、彼はその試練の中に用意されていた奇跡とも言える数々のドラマの中で、アメリカやイギリスの学識ある人々との面識を得、彼らをして『ここに、我が国のすべてのプロフェッサーを一同に集めたより更に博識な人がいる』と驚嘆させ、『彼の話を聞くと、これほどの学識のある民族に宣教師などを送るのは何という愚かなことだろう、と感じる』と言わせるほどの衝撃を与えることになったのです。

スワミ・ヴィヴェーカーナンダの口から語られる、ヴェーダの森羅万象に通じる普遍的な教えと深い学識は、人種や宗教の壁を越えてアメリカの知識人たちを魅了しました。

その結果、西洋は彼をその後四年余りに亘ってインドへ帰そうとはせずに、自らの中に留め置いたのです。

ハーバード大学やコロンビア大学は東洋哲学やサンスクリットの講座を彼に提供し、遠く海に隔てられたヨーロッパの社交界の人々さえもが、アメリカから風の便りとしてもたらされる驚くべきニュース、……ヴェーダという霊的領域に秘められていた叡智を教え諭す年若き賢者がインドよりアメリカに渡り来ているという噂を聞くとたちまち魅了され、どうしてもその噂の主の話を自らの耳で聴き、その噂の真偽を自らの目で確かめたいという熱意によって、彼を何度となくヨーローパへと呼び寄せることとさえしたのです。

そのようにして西洋で過ごした四年余りの間、彼はアメリカやヨーロッパの著名な知識人や社交界の人々だけでなく、全く無名の大衆に向かっても数多くの講演をしました。

そして、その主だったものは、イギリス人の速記者J・J・グッドウィンによって書き記されて今に残っています。

したがってわれわれは、ヴェーダという太古の聖典に開示されている宇宙論や生命論といったものに対する西洋の人々の評価というものを、インドがちらつかせる怪しげな自己主張としてではなく、アメリカやイギリスの人々が自らの意思で記録しておいたジャーナリスティックな事実として知ることが可能なのです。

その時彼が西洋に残した足跡と、彼の偉大な師であるラーマクリシュナ・パラマハンサがインドに残した足跡は、聖者の引き起こす神話とは無縁な現代に生きるわれわれにとって、完全な第三者の証言（つまり、ヒンドゥイズムとは無縁の西洋諸国の人々のジャーナリスティックな証言）の中で検証することの出来る、唯一と言ってもいいほどの神話です。

それらのすべてについて詳しく語ることは本題からは外れることになるのでここでは割愛しますが、スワミ・ヴィヴェーカーナンダが西洋に残した足跡についてだけは、逆に本題に深く係わることなので、出来る限り簡潔に紹介しておきたいと思います。

そもそも、彼を単身アメリカに乗り込ませる気にさせたものは、先に紹介しておいたとおり、植民地支配の中でインドの富を持ち去るだけで何一つの見返りを与えず、幾億というインドの民を恐るべき貧困と飢えの中に投げ込み続けている西洋諸国に、その窮状を訴え、同胞をそうした境遇から救うための物質的援助を乞い求めるためでした。

しかし彼は、それを物乞いのようにして求めようとは考えませんでした。

彼はその時、西洋の人々にはインドの貧困を救うための物質的な援助を求める代わりに、自らは、科学の発達と引き換えに失われつつある西洋の人々の霊性を救済するためのヴェーダーンタの福音を授けようと考えたのです。

……キリスト教徒をヒンドゥー教徒にするためにではなく、キリスト教徒をより敬虔なキリスト教徒としての信仰へと連れ戻すために、です。

とは言っても、その時の彼は、食べ物を乞うための鉢一つを持って全インドを行脚する一介の遍僧であり、インド、アメリカ両政府に対して何のコネもなく、どうすればシカゴの宗教会議に出席出来るのかの情報さえ持ってはいませんでした。

アメリカがどういう国であるのかを知らず、その国へ、全く何の公的な肩書も持たないままに乗り込んでいけば、自分がどういう目に遭わなければならないのかも知りませんでした。

彼にあったのは、「何としてでもそこへ行かなければならない！」との強い思いだけでした。彼の思いは、インド全域に散らばっていた何人かの兄弟弟子と、インド全域で縁を得た熱心な信者たちの心を打ち、渡航費用の工面へと奔走させ、彼をボンベイの港からシカゴへと送り出したのです。

一八九三年の五月三一日に彼を乗せて出航した船は、セイロン、ペナン、シンガポール、日本といったアジア各地を経由しながらバンクーバーへと向かい、そこから先は汽車に乗り換えることで、およそ一ヵ月半後に彼をシカゴへと辿り着かせました。

シカゴに降り立ったスワミ・ヴィヴェーカーナンダはすぐに、宗教会議の窓口となっている事務局を探しました。

しかし、一九世紀のアメリカに、褐色の肌をし、頭に奇妙なターバンを巻いた異教徒がのこのこやって来て、「私は宗教会議に出席してどうしても一言申し上げたいことがあるのです」と申し出たとしたら、彼に対するアメリカの人々の扱いは果たしてどのようなものだったと想像出来るのでしょう。どう間違ったとしても、友好的な扱いを受けられたとは考えられないはずです。

実際、彼はその願いを打ち砕かれ、すぐに逼迫していく財政的な追い打ちの中で途方に暮れるしかありませんでした。

そのような状況で彼がアドレスをなくした時、道を尋ねようとしても誰一人それを教えようとする人はなかったと彼の伝記は伝えています。

しかし、そうした困難の中で、運命は彼に奇蹟的な人々との出会いを与えながら、彼の使命を成就させるための条件を一つ、また一つと調えていきました。

最初の、すべての事態を打開するための切っ掛けとして用意された人との出会いは、枯渇する滞在費を少しでも節約するために、シカゴからより物価の安いボストンへと向かうために乗り込んだ汽車の中でのものでした。

彼はそこでマサチューセッツ州から来ていた裕福な婦人と出会い、彼の高貴な人格と叡知に富む会話に感動した彼女のはからいによって、ハーバード大学のギリシャ語の教授J・H・ライトに紹介されるという幸運を得たのです。

婦人の紹介によってスワミ・ヴィヴェーカーナンダとの話し合いの場を設けたライト氏は、その驚愕すべき叡知にたちまち魅了され、早速代表者を選考する委員会の長である友人のバロウズ博士に手紙を書き送りました。

その時の言葉が、

「ここに、学識ある我が国のプロフェッサーたちを一つに集めたより、もっと博識な人がいる！」

というものだったのです。

バロウズ博士の推薦を取り付けたスワミ・ヴィヴェーカーナンダは、宗教会議への参加を委員会に許可してもらうために、シカゴへと急ぎ戻りました。

しかし、シカゴへ降り立った時彼は、自らが辿り着かなければならない委員会のアドレスをなくしていたことに気づいたのです。

アドレスをなくした彼が途方に暮れ、自分の捜している委員会の事務局がどこにあるのかを道行く人に尋ねても、誰一人褐色の肌をした異教徒にそれを教えてくれるような人は現れませんでした。

スワミ・ヴィヴェーカーナンダは、昼は委員会の事務局を捜し求めて街を彷徨い、夜は、異国の容赦ない寒さと人々の仕打ちを避けるために駅の空き箱の中で眠らざるを得ないような状況へと陥りました。

ヒンドゥーの遍歴僧の戒律に則り、民家の戸口から戸口へと（肉も魚も卵も取ることの許されない完全菜食の）食の施しを求めることで命を繋ごうとしましたが、戸を叩き食を求めた時、応対に出てきた人々からは拒否と侮辱以外のものが与えられることはありませんでした。

そうした状況の中でついに力尽き、地面に座り込んだまま神の御心に身を任せる覚悟をした、その時でした。

道路を隔てて建つ一軒の家の扉が開き、そこから気品のある女性（ミセス・ジョージ・W・ヘイル）が下りてきて、洗練された語調で優しく「失礼ですが、あなたは宗教会議の代表の方でいらっしゃいますか？」と声を掛けてきたのは。

やがて事情を知ったミセス・ヘイルは、スワミ・ヴィヴェーカーナンダを快く委員会の事務局へと案内してくれました。

スワミ・ヴィヴェーカーナンダが参加を夢見ていた宗教会議の第一回目の集会は、一八九三年九月一一日月曜の朝、コロンバス大会堂で開かれました。

辺りに夕暮れも迫り始めた頃、その日の最後の講演者として壇上に呼ばれたのは、スワミ・ヴィヴェーカーナンダその人でした。

その、わずか数分後のことだったと彼の伝記は伝えています。

スワミ・ヴィヴェーカーナンダが自らの中に秘めてきたヴェーダーンタの叡知と、全人類への愛に満ちた力強い言葉のスピーチを終えるやいなや、会場にいた幾百人の聴衆が、耳をろうせんばかりの喝采の叫びと共に立ち上がり、彼への惜しみない拍手の中で会場が熱狂していたのは。

後にフランスの作家ロマン・ロランは、その時のスワミ・ヴィヴェーカーナンダのスピーチに思いを馳せてこう書いています。

「彼の言葉は偉大なる音楽だ。ベートーヴェンの風格を湛えた語句、ヘンデルの合唱曲にも似た感動的なリズム。それは三〇年の歳月を経て、書物のページに散見されるだけなのだけれど、私はそれに触れると全身に、電撃を受けたようなスリルを感じずにはいられない。それが燃えるような言葉としてこの英雄の口から発せられた時には、どれほどの衝撃と、どれほどの恍惚感を与えたことであろう」と（日本ヴェーダーンタ協会刊『わが師』より抜粋）。

そしてその日以来、アメリカの新聞はスワミ・ヴィヴェーカーナンダの評判を書き立て、その評判は日を追うごとに高まっていったと伝えられています。

シカゴの最も保守的な新聞でさえ、彼を「予言者である」「見神者である」と紹介し、ニューヨーク・ヘラルドは「彼は間違いなく宗教会議中最も偉大な人物である」と述べ、「彼の話を聞くと、これほどの学識のある民族に宣教師などを送るのは何という愚かなことだろう、と感じる」と付け加えたと（『霊性の師たちの生涯』日本ヴェーダーンタ協会刊より）。

彼はいっさい何の原稿も用意せずにすべての講演に臨んだため、アメリカで生まれた最初の熱心な信奉者たちは、イギリス人の速記者J・J・グッドウィンを高給で雇い、彼の講話を記録として残すよう努力しました。

最初は、ただ単に高額な報酬によって雇われただけの速記者でしかなかったグッドウィンでしたが、彼は、スワミ・ヴィヴェーカーナンダの講話を記録し始めてからわずか数日後にその給料を辞退して彼の忠実無比な弟子となっただけではなく、帰国するヴィヴェーカーナンダに同行する形でインドへと渡り、そのままインドにおいて人生を終えるというドラマを演じています。

スワミ・ヴィヴェーカーナンダの評判は、海を越えてヨーロッパへも伝わり、彼の地の人々の求めに応じて、ヴェーダの福音を伝えるために何度となく海を渡りました。

インドを植民地として支配していたイギリスでも、スワミ・ヴィヴェーカーナンダの評判はたちまちに広まり、ロンドン市のよりぬきのクラブや、著名なキリスト教会までもが彼を招待し、非常な尊敬をもって迎えたと信頼すべき記録は伝えています。

イギリスの社交界の最高のサークルや貴族までもが、彼との交際を望んだと。

そしてそのことは、彼のイギリスに対する考えをすっかり変えたと言われています。

「アメリカでは公衆が新しい思想を取り上げることにこの上もなく情熱的で感動しやすかった。しかし、イギリスでは、聴衆は誉めたり容認を表明することには最も控えめであるが、一旦彼らが教師とその思想の価値に信服したとなると彼らはもっともっと熱心であり忠実であると知った」と。

「英帝国は、数々の弱点にもかかわらず、思想の伝播のためにはかつて存在した最も偉大な機械です。私は自分の思想をこの機械の中心に入れておこうと思います。それは世界中に広がるでしょう」と（『霊性の師たちの生涯』より）。

彼が遠く故郷を離れ、たった一人で異教徒の国でヴェーダーンタの福音を伝えて過ごした四年間は、神経を緊張によって締め上げられ、一時も休むことなく、命を振り絞るようにして、自らに課せられた使命を果たすために働きに働き続けた四年間でした。

そして、その当然の結果として、元来頑強を誇っていた彼の健康は著しく損なわれていきました。

彼の健康を気遣う西洋の友人たちは、休養を取るように勧めましたが、それは彼の胸の中に熱く燃え続けていた「自らの命は、愛するインドの貧しき同胞への奉仕の為だけにある」という、ただそれだけの思いによって退けられました。

「母国が極度の貧困に苦しんでいるというのに、名声が何だというのでしょう。こうしている間にも幾百万というインドの兄弟姉妹たちは飢えに苦しんでいるというのに、私は、彼らにパンの一切れも与えることも出来ないでいる。おお母よ（注・神への呼びかけ／母とはヒンドゥー教徒が最もよく用いる神への呼びかけの言葉）。どうすれば彼らを助けることが出来るのか、お示しください！」という思いによって、です。

彼の天才は西洋を驚愕させ、彼の説くヴェーダーンタの教えは広く受け入れられましたが、彼を西洋に渡らせた第一の目的であった、富める西洋から、植民地支配によって虐げられているインドの人々への物質的な援助を乞うという目的は、必ずしも成功していたわけではありませんでした。

そのことについて彼は、アメリカでの最も初期の講演の中で、アメリカそのものに対して歯に衣着せぬ痛烈な批判をしています。

以下がそのスピーチです。

『キリスト教徒たちは良い批判には耳を傾ける用意がおありになるに違いないのですから、私がここで小さな批判をしましても、皆さんがそれを意に介されるとは思いません。

異教徒の魂を救うために宣教師を派遣することがあんなにもお好きなキリスト教徒の皆さん……なぜ、彼らの肉体を飢餓から救おうとお努めにはならないのですか？

インドでは、あの恐ろしい飢饉の間に幾千人が餓死しました。それでもあなた方キリスト教徒は何もなさらなかったのです。

あなた方は、インド中に教会をお建てになりますが、捨ておけぬ東洋の不幸は宗教ではありません。彼らは、宗教は十分に持っています。焼けつくインドの幾百万の不幸な民衆が、ひからびたのどで叫び求めているものはパンです。

彼らはパンを欲しがっているのに、われわれは石を与えているのです。

（中略）

私はこの国に、わが国の貧しい人々のための援助をお願いしようと思ってやって来ました。そして、キリスト教国で、キリスト教徒から異教徒への助けを得るのはどんなに難しいことであるか、ということをはっきりと知りました』

しかし、彼の偉大な魂から発せられる言葉は、そうした批判であってさえも、多くの知性ある西洋の人々を魅了していきました。

その結果として、ヒンドゥーに秘められた深遠なる英知は世界に知られるようになり、主だった国の人々が、インドに霊性の師やヴェーダの文献を求めるようになり、サンスクリットが大学において研究し学ばれるようになっていったのです。

スワミ・ヴィヴェーカーナンダは常々、「自分は四〇歳までは生きないであろう」と語っていたと言われています。

そうした彼の胸に燃える願いはただ一つ、「残された人生を、愛するインド、聖なるインドに捧げ尽くす」ということでした。

更なるヴェーダーンタの叡知を求めていたアメリカの人々もそれを理解し、スワミ・ヴィヴェーカーナンダをいつまでも西洋に引き留め続けることは許されないのだということを悟ると、全インドに遍歴していたスワミの兄弟弟子たちを次々とアメリカに呼び寄せ始めました。

スワミ・ヴィヴェーカーナンダはアメリカに呼び寄せた兄弟弟子たちに、自分の後を任せるための教育を施したあと、自らが為すべき最後の仕事を母なるインドに捧げるために帰国する決意をしました。

西洋を離れる前夜、イギリスの友人が「スワミ、この贅沢な、力に満ちた西洋での四年間のご経験のあとでインドをどうお思いですか?」と尋ねました。

その問い掛けに対して、スワミ・ヴィヴェーカーナンダはこう答えています。

「インドは、ここに来る前には愛していました。今は、インドの塵さえもが私にとっては神聖なものになりました。インドは私にとって聖地です、巡礼地、ティルタです」と。

彼が、損なわれた健康の中で、西洋での自分の使命は終わったと感じた時、彼はこう自分の心境を述べています。

「今、私は、たった一つの思いしか持っていない。それはインドだ。私はインドを待ちこがれている!」と。

そして彼がインドを求めていたように、その時、どの国よりも彼を必要としていたのはインドでした。なぜなら、その時のインドは、インドの輝かしい歴史の中で最も没落し、最もヴェーダやヴェーダーンタの教えも価値も輝きも見失い、無知と消沈の中にあったからです。

その時のインドにとって、遠く海を隔てた輝かしい西洋から聞こえてきた、同胞スワミ・ヴィヴェーカーナンダの比類なき成功のニュースというものは歴史的な大事件でした。

彼が帰国の途に就いたことを知ると、全インドが団結し、埠頭を埋めつくすほどの群衆が、彼を、色あせつつあった偉大なる宗教の栄光を生き返らせ、それを文明世界に教えるために再来した古代の偉大なアーチャリアを仰ぐように仰ぎ見、歓喜し、敬意を表するために立ち上がって出迎えました。

そして歓迎の熱狂も冷めやらぬ中、インドの土を踏んだスワミ・ヴィヴェーカーナンダは、瀕死の状態にあるインドの霊性に活を入れるために、全インドの同胞に向かってこう宣言しました。

「われわれの堕落のすべてに対して責任があるのは、私たちです」と。

「わが自称改革者たちよ！

わが自称愛国者たちよ！

あなた方は感じていますか。

幾百万もの神々や賢者たちの子孫が、けものの親類のようになってしまっていることを。

幾百万の人々が今日飢えつつあることを、また幾百万が何世紀にも亘って飢えてきたことを、あなた方は感じていますか。

無知が暗黒のようにこの国を覆っていることを、感じていますか」

「幾百万が飢えと無知の中で死んでいる間は、彼らに貧困と労働という代償を支払わせて（自分だけが）教育を受けていながら、彼らに一瞥も与えずに生きている連中の一人ひとりを、私は裏切り者と見る！」と。

「私は、『ヒンドゥーの社会を改善するのに宗教の破壊は必要ではない。社会の現状は、宗教のためにこうなったのではなく、宗教があるべき形で社会に適用されなくなったからこうなったのである』と主張する」と。

「わが国に、たとえ一匹の犬でも食べるものがなくている（原文ママ）間は、私の宗教はそれに食べさせることだ」と。

そして、兄弟弟子たちに対しては次のように告げました。

「もし君が自分自身の救済を求めるならば、君は地獄へ行くであろう。君が求めなければならないのは他者の救済だ。もし君が働いて地獄へ行かなければならないとしても、それは自分の救済を願って天国へ行くよりも価値がある！」と。

「神を求めて君はどこへ行くのか？貧しい人々、不幸な人々、弱い人々は神ではないのか？まず彼らを拝みたまえ。

（中略）

これらの人々を君の神としたまえ。……彼らのことを思い、彼らのために働き、彼らのために絶えず祈れ！　……主が道をお示しになるであろう」

「この貧しい、無学な人々がどんな純粋な心を持っているか、見てみたまえ。君たち、少なくとも、ある程度彼らの不幸を救うことが出来るか？　出来なければ、ゲルア（サンニャーシンの黄土色の衣）を着ていることが何の役に立とう。

どうしてわれわれは、自分たちの同胞が食べるものも着る物も十分に持っていない時に、自分の口に食べ物を入れる気になれるのであろう。

（中略）

わが国のどこに、彼らに同情し彼らと悲喜を共にする人がいるのか。彼らが目覚めなければ、偉大なる母（インド）は決して目覚めないであろう！」

そして、大衆に向かってはこう語り掛けました。

「ああ、カーストや生まれを問わず、強き弱きを問わず、あらゆる男女、あらゆる子供がこのこと（ヴェーダーンタの教え）を聞き、かつ学びましょう」

「真理は人を強くするものです。真理は純粋であり、真理は完全な知識です。……人を弱くする神秘主義などは捨てて強くおなりなさい。……最も偉大な真理は世界中で最も単純なもの、あなた自身の存在のように単純なのです」と（『霊性の師たちの生涯』より抜粋）。

彼は西洋に対しては、ヴェーダやヴェーダーンタの福音を伝え、その教師となるべき者たちを授けました。

そして、インドに対しては、インドの物質的貧困を改善するための資力と、その教師となるべき者たちを西洋から連れ帰りました。

彼はその全生涯を通じて、決してヴェーダやヴェーダーンタの説教者ではありませんでした。彼は全生涯を通じて、それらの教えの偉大な実践者でした。

彼は『私は決して四〇歳までは生きないであろう』という、かねてからの予言どおり、自らの人生を、自らを必要とする人々への奉仕に捧げ尽くすようにして三九歳と数カ月を生き抜いた一九〇二年の二月四日の朝、礼拝堂に籠もり三時間ほど瞑想をし、いつもとは違う不思議な言動の中、人々と昼食を取り、弟子たちに対する三時間のヴェーダーンタの授業を終えたあと、夕刻の聖所での礼拝の鐘が鳴る中、自室へと籠もり、そこで再び一時間の瞑想に没入し、それから数珠を手にしたままで寝室に横たわると、約一時間の後、体の向きを変えて深い息をし、もう一つ、前のような深く長い息をしたあと、疲れた子供が、母の膝の上で眠りに落ちていくようにインドそのものに抱かれながら入滅していったと伝記は伝えています。

彼は、自分の人生という舞台にやがて幕が下りようとしていた時、西洋人の弟子であるニヴェディター（神に捧げられたものという意味）にこう言っています。

「西洋の社会は大笑いのようだがその陰に号泣がある。それはすすり泣きに終わる。表面には面白さと軽々しさがあるが、実は強い悲劇性に満ちている。……ここ（インド）では、表面は悲しげで陰気だが、陰のほうでは、無頓着で楽しい」と。

このヒンドゥーの巨星、スワミ・ヴィヴェーカーナンダが西洋に伝えようとしたヴェーダーンタの福音とは、一言で言うなら、「あらゆる偉大な宗教（イスラーム教、キリスト教、仏教、ユダヤ教、ゾロアスター教、ヒンドゥー教といったすべての宗教）を貫く真理は一つであり、その真理は、自然科学を貫く真理とも同一のものである」というものです。

「あらゆる宗教が聖典を通して人類に教え諭そうとしているものの真の核心にあるのは、この〔真理〕なのである」と。

「したがって、すべての宗教というのはこの絶対普遍の〔真理〕の上に立つ兄弟姉妹であり、すべての宗教の間には、互いを異教徒として排除し合わなければならないような違いは存在していないのだ」と。

「調和が生まれるべきところに不和が生まれるのは、争い合う宗教そのものに問題があるのではなく、それぞれの信者たちが、自らの宗教に授けられている聖典の真の核心に秘められている教えも、相手の宗教の真の核心に開示されている教えも共に理解出来ないでいる無知に問題があるだけなのだ」と。

「もし人が、すべての宗教の真の核心に開示されている教えを正しく理解したならば、すべての宗教というものは、たった一つのゴールへと人々を導くために敷かれた、幾つもの道であることを悟るはずである」と。

「ゴールは一つであったとしても、海に囲まれて生きる民族と、山に囲まれた民族と、砂漠に囲まれた民族とでは、そこに辿り着くための旅は全く違ったものになる。即ち、海に囲まれて生きる民族には海を渡ってそこへ辿り着く道が示され、山に囲まれた民族には山を越えてそこへ辿り着くルートが示され、砂漠の民には砂漠を渡ってそこへ辿り着くための道が示されることになる」と。

「すべての宗教の教えの中にわれわれが見ている違いというのは、それと同じように、それぞれの宗教の生みの親である聖者や予言者が生きていた社会に影を落としていた、政治形態や文化といったものの違いの反映にすぎないのだ」と。

「したがって、海を渡らなければそこには辿り着けないとか、山を越えなければそこには辿り着けないとか、いうような議論は全くの無意味であり、海を渡ろうが、山を越えようが、それぞれが自らの宗教の教えに従った旅を続ければ、誰もが自らの信じる宗教が約束しているゴールと全く同じゴールへと辿り着けるのだということをすべての人々は理解すべきなのだ」と。

……そしてヴィヴェーカーナンダは、その返す刀で、「一見、完全に異なった主張をしているかのように見える宗教と科学の間にさえ、何一つ対立しなければならないようなものは存在していないのだ」とも告げたのです。

「なぜなら、科学も宗教も、たった一つの〔この世の真理〕を捜し求めているものだからである」と。

「自然科学は未だそれを発見してはおらず、宗教は、幾千年の時の流れの中でそれを失ってしまっているだけなのだ」と。

「したがって、科学が未来に追い求めている真理と、宗教が遙かな過去に失った真理は全く同じものなのであり、今後自然科学の発達によって明らかにされていくであろう発見の数々、……宇宙モデル、原子モデル、生命科学といったものののすべては、科学が発達すればするほどに宗教を否定するようなものになっていくのではなく、逆にそれは、すべての宗教の原初の聖典の中に宗教哲学という姿をとって開示されていた深遠な宇宙モデルや生命モデルを掘り起こし、光を与えていくものなのである」と。

スワミ・ヴィヴェーカーナンダは、自然科学が宗教を知的世界から排除しようとしていた科学の黎明期の正にその時に、そのことを全世界の人々に向かって高らかに宣言してみせたのです。

以下は、一八九三年の九月から一九〇〇年の一〇月までの間に、シカゴやロンドンやインドにおいて行われた講演からの抜粋です。

彼はそこで、当時の知識人たちの最大の関心事の一つであった進化論に関して次のように述べています。

「これ（筆者注・生物の進化）はまことに本当です。完全に真実です。われわれはそれを、自分たちの生活の中で見ています。理性を持つ人は決して進化論者と争うことは出来ません。しかし、われわれはもう一つのことを学ばなければなりません。更に一歩進まなければなりません」と。

「……それは極めてインド的な性格を持った思想でありまして、もしわれわれのすべての宗派に共通の考えがあるとすれば、それはこれです。ですから、この一つの思想によく注意を払い、それを覚えてくださるようお願いします。なぜなら、これこそ正に、われわれインド人が持つすべてのものの土台なのですから。

その思想というのはこれです。

皆さんは、西洋でドイツやイギリスの学者たちが説いている、自然界の進化説のことは聞いておいででしょう。それはわれわれに、異なる動物たちの身体は実は一つのものである、われわれが目にする差異は同じひと続きの中の表現の差異にすぎないのである。最低の虫けらから最高かつ最も聖なる人間に至るまでたった一つのもの、それが完成を遂げるまで、より高くより高くと変化し続けていく一つのものにすぎないのであると教えています。

この考え方もまた、われわれは持っていました。

我らのヨギ、パタンジャリは明言しています。（ここでサンスクリットの太古の章句が引用される）……と。一種が他種へ変化する進化のことです。パリナーマというのは、ちょうど一つの種が別の種に変わるように一つのものが別のものに変わることを言うのです。どこで、われわれはヨーロッパ人と違うのでしょうか。

パタンジャリは、プラクリティヤープラート『自然の the infilling によって』と言っています。ヨーロッパ人は、一つの体に別の形を取る事を強いるのは、競争、自然および異性の選択等々であると言っています。

しかし、ここに、もっと優れた分析であり、もっと深く物の核心を突いている、もう一つの考えがあって『自然のインフィリング作用によって』というのです。この自然のインフィリングというのは何でしょうか。

われわれは、アメーバが次第次第に高く昇ってついに一人の仏陀になる、ということは認めます。われわれはそれは認めます。しかし同時に……


（中略）

ですから、もし一人の仏陀が一連の変化（注・進化の意味）の終わりであるなら、そのアメーバもやはり仏陀であったに違いありません。もしその仏陀が進化を遂げたアメーバであるのなら、そのアメーバもまた内に含まれた仏陀であったのです。

（中略）

われわれの足下を這い回る最低のウジ虫から、最も高貴で最も偉大な聖者たちに至るまで、すべてがこの無限の力、無限の浄らかさ、及び無限の一切物を持っているのです。違いはただ、表現の程度にあるだけなのです。虫はただ、その無限のエネルギーのほんの少しを現しているだけです。皆さんは、もっとたくさん現していらっしゃる。もう一人の聖者は更にもっとたくさん現しました。それが違いのすべてです」と（日本ヴェーダーンタ協会刊『わが師』、「ヴェーダーンタ」の章より抜粋）。

……この（一八九七年一一月一二日に行われた）スピーチからも分かるように、ダーウィニズムに支配されてきた世界の中でわれわれが教え込まれてきた「ダーウィンの進化論の登場はあらゆる宗教にとっての最大の事件であり、そのことによって人類が、神の子から、一瞬にして猿の子孫へと引きずり落とされてしまった宗教界のショックがどれほど重大なものであったかは計り知れない」というのは、確かに西洋世界にとっては当てはまるかもしれませんが、われらが東洋の知の源泉とでもいうべきインドのリシ（賢者）やヨーギたちにとっては全く当てはまらないことなのです。

ヒンドゥーのリシたちにとって、〔単純な生物が徐々に進化して高等な生物を創り出していき、その延長線上に人類もある〕とする生命モデルは、幾千年とも知れない悠久の昔から彼らの聖典であるヴェーダやヴェーダーンタが、あらゆる人々に対して証言し続けてきたことでしかなかったのです。

そこには、ダーウィンの進化論が西洋の侵略者たちによって持ち込まれたことによる、どのような衝撃も混乱も存在しなかったのです。

ただ、その進化が、弱肉強食的な自然淘汰によって起こると考える彼らの無知に対する、あからさまな憐れみがあっただけです。

そしてそれと同じことが、進化論だけに限らず、唯物論を主張する近代科学全般に対しても言えたのです。彼らには、自然科学が生命や宇宙や原子に関するいかなる発見を突きつけてきたとしても、そのことによるどのような衝撃も混乱も存在しませんでした。

なぜなら、それらのすべては、ヴェーダの中に開示されているものにすぎなかったからです。ただ、その自然科学が、未だ宇宙の成り立ちの氷山の一角でしかない、物質的なレベルだけの解明に止まっている未熟さに対してため息をついただけでしかなかったのです。

スワミは、太古のインドにおいてリシによって悟られた〔真理〕の開示であるヴェーダと、西洋の近代の知的努力の結晶である自然科学の関係について一八九六年一月一九日にロンドンで行われた講演の中で次のように述べています。

「物理学が、他のすべてはそれの現れにしかすぎない一つのエネルギーを発見するという貢献をしたら、この学問は終わるでしょう。……（中略）……すべての科学は、結局この結末に至ることに決まっています。創造ではなく現れ、が今日の科学が用いる言葉です。ヒンドゥーは、かれが幾千年胸中に抱いてきた思想が、科学の最新の結論によってもっと力強い言葉で、もっと明るい光に照らして教えられようとしていることを、偏《ひとえ》によろこんでいるのです」と。

そして、時を同じくして行われた別の講演の中では次のように述べています。

「……前置きのほうに戻りましょう。まず最初に理解しておくべき二つのことがあります。一つはヴェーダーンタのすべての学派に共通の心理学的な面、そしてもう一つは、宇宙論的な面です。私は最初に後者を取り上げようと思います。

きょうわれわれはかつて夢想だにしなかった驚くべき事実に対して目を開かしめつつ青天のへきれきのようにわれわれに襲いかかってくる現代科学の驚嘆すべき諸発見を見ています。

しかし、これらの大部分は、既に幾千年の昔に見いだされたものの再発見にすぎないのです。様々に異なる力は本来一つのものである、ということを近代科学が発見したのはついこの間のことでした。近代科学はごく最近、それが熱、磁力、電気、等々と呼んでいるところのものはすべてこれ、たった一つの力に変えることが出来る、ということを発見し、そういうわけで、これらのすべてを、何という名を選んでも構わないのですが、とにかく、一つの名前で表現しています。

しかし、このことは既にサムヒター（注・ヴェーダの讃歌や聖句集）の中においてさえ、なされているのです。非常に古いものでありますが、われわれは、その中に、他でもない、いま申し上げたこの概念に逢着します……」

「……かれら（注・ヴェーダが証言する宇宙を創り出している五つの根源的要素）の性質はエネルギーであって、物質ではない。かれらの名前は空気、水、および土のように物質的な実態を予想させるが、それらはプラクリティ、即ち宇宙エネルギーの様々な姿に他ならない。われわれが物質的実体と呼んでいるものは、ヒンドゥーにとっては、宇宙エネルギーの様々な表現を通して眺められる絶対者（パラブラフマン）以外の何ものでもないのだ。この見方に立つ時、物質的存在は全く非物質的なものである。物質という外見は迷わしである」のだと。

そして、ヴィヴェーカーナンダたちの築き上げたラーマクリシュナ僧団の僧、スワミ・ニルヴェーダナンダが一九四四年に著した『ヒンドゥイズム一覧』の中には次のような一節が記されている事も併せて紹介しておきます。

「この世界を元素とそれらの原子に分けようとする科学者の試みは既に無意味となった。原子はもはや物質の究極の構成要素ではあり得ない。それは更に電子、陽子などのエネルギー単位に分解されている。

物理学者の分析的な探究が物質という偽りの外観を突き抜けたのだ。

物質は非物質化された。

現代物理学のこのような発見がヒンドゥーの自然観を確認する方向に一歩進んだ、ということは注目すべきであろう」と。

# 第四章　ヴェーダーンタと仏教の関係

真に霊的な高みに立ったヒンドゥー教の大師たちの中には、今も昔も、仏教が異なった教えの中で対立する誤った宗教であると主張してきたような人はただの一人も存在していません。彼らは皆、「仏教の開祖である仏陀の教えのすべては、ヒンドゥー教の聖典ヴェーダやヴェーダンタが開示している真理と全く同じ真理の、全く違った角度からの開示であり、違った表現による開示にすぎない」と人々に教え諭してきただけです。

したがって、「真のヒンドゥー教徒であるということは、真の仏教徒でもあるということなのだ」と。

☆　☆

インドを紹介する記事のほとんどすべては、インドの八〇パーセント以上はヒンドゥー教徒であり、それに次ぐ多数派は一〇数パーセントのイスラーム教徒であり、仏教徒はキリスト教徒やシーク教徒より少なく、確認不可能なほどに少数であると書かれています。

確かに、今現在のインドにおいて、自分を仏教徒と名乗る人々だけが仏教徒であるというのであれば、それはそのとおりかもしれません。

しかし、〔仏教徒〕というものが、もし釈迦として知られるゴータマ仏陀の教えに帰依する人々というのであれば話は全く違ってきます。

なぜなら仏陀は今なお、インドの人々に、インドが生んだ最も偉大な聖賢の一人、あるいはアヴァター（神の化身）として絶大な崇敬を与えられているからです。

仏陀が、インドにおいてどれほど人々に敬われ、愛され続けているかは、スワミ・ヴィヴェーカーナンダが、一八九三年九月二六日のシカゴでの宗教会議の壇上で、全世界に向かって語って聞かせた言葉によって知ることが出来ます。

以下がその時のスピーチです。

「皆さんお聞きのように、私は仏教徒ではありません。

（しかし）それでも私は仏教徒なのです。

（中略）

インドは彼を、地上に化身した神として崇拝しています。

皆さんはたった今、私が仏教を批判しようとしているとお聞きになりました（筆者注釈・おそらくこの時、宗教会議の司会者によって、そのような紹介をされたのであろうと推測されます）。

しかし、それについて、このことだけを理解しておいていただきたいと思います。

私は決して、自らが神の化身と仰いでいる人を批判しようとしているのではありません。われわれはただ、彼は、その弟子たちによって正しく理解されていないという思いがあるだけなのです〔筆者注釈・現代に残されている彼の膨大な講和記録の中に、仏陀の教えとしての仏教を批判したものを私は見たことがありません。ただ、仏陀の教えの無理解から生み出されているであろう、仏教徒の言動の過ちに対する容赦のない批判は存在します〕。

（中略）

ヒンドゥー教〔原著注釈・ヴェーダの宗教のことです〕と今日仏教と呼ばれているものとの関係は、ユダヤ教とキリスト教との関係とほぼ同じです。イエス・キリストはユダヤ人であり、シャカ・ムニはヒンドゥーでした。ユダヤ教徒はイエス・キリストを十字架にかけ、ヒンドゥー教徒は、〔筆者注釈・仏教の開祖である〕シャカ・ムニを神と認めて崇敬しています。

（中略）

かれもまた、イエスと同様に、〔筆者注釈・それまでにあった古い宗教を〕完成するために来たのであって破壊するために来たのではなかったのです。イエスの場合にはかれを理解しなかったのは古い人々、ユダヤ人であったのに、ブッダの場合には、かれの教えの意味を悟らなかったのはかれ自身の信奉者たちでした。ユダヤ教徒が〔筆者注釈・キリストによる〕旧約聖書の完成を理解しなかったのと同様に、仏教徒は、ヒンドゥーの宗教の〔筆者注釈・仏陀による〕真理の完成を理解しなかったのでした。

もう一度繰り返して申し上げますが、シャカ・ムニは破壊するために来たのではなく、ヒンドゥーの宗教の完成、理論的な結論であり理論的な展開でありました。

（中略）

哲学の面で、（筆者注釈・釈迦亡き後）大師の弟子たちはヴェーダの不滅の巖に体当たりしましたが、それを砕くことはできませんでした。しかも他の面で彼らは、男女を問わずあらゆる人が深く愛着している不滅の神を民族から取り上げたのです。

その結果、仏教はインドでは自然死を遂げなければなりませんでした。

（中略）

（筆者注釈・しかしそれでもなお）ヒンドゥー教は仏教なしには存続できないし、仏教はヒンドゥー教なしには生きられません。

両者の分離がわれわれに示したものを理解してください。

仏教徒はブラーミン（筆者注釈・厖大な量のヴェーダを幾千年前とも知れない古の言語であるサンスクリットのまま、一言一句のイントネーションさえ過つことなく継承し続けてきた僧侶たち）の頭脳と哲学がなければ立てないし、ブラーミンは仏教徒のハートなしには立てないのです。

仏教徒とブラーミンの間のこの分離がインド没落の原因だったのです」と（日本ヴェーダーンタ協会刊『わが師』より抜粋）。

仏教の開祖である仏陀はインドにヒンドゥー教徒として生まれ、ヴェーダやヴェーダーンタの教えを受けて育ったにもかかわらず、悟りを開いたのちには、インドを自らの教えによって仏教国へと塗り替えてしまいました。

そのため、ともすれば、ヒンドゥー教も、その聖典であるヴェーダやヴェーダーンタも否定していたかのように考えられています。

しかし、それは違います。

仏陀がその時、インドの人々を自らの教えによってヒンドゥー教から仏教へと改宗させようとしたのは、その時代のヒンドゥー教というものが、堕落腐敗したバラモンたちによって見る影もないまでに歪められ、その結果として、インド全域に有象無象のカルト宗教のようなものを生み出し続けるような危機的な状況に陥っていたからに他ならないのです。

そのことを仏陀は、自らが歩んだヒンドゥー教徒としての修行の中で知りました。

仏陀は、ヒンドゥー教の師たちの導きの中でヴェーダを学び、ありとあらゆる苦行に身を投ずることによって真理を悟ろうとしましたが、目的を達することは出来ませんでした。

彼が後に真理を悟ったのは、その時のヒンドゥー教の師の導きによってではなく、自らの内なる霊性の導きによってです。

悟りを開いた後の仏陀は、自らの教えによって、インド中のヒンドゥー教徒を仏教徒へと改宗させていきました。

しかし、だからといって、仏陀が、ヒンドゥー教や、その聖典であるヴェーダやヴェーダーンタを否定していたと考えるのは間違いなのです。

仏陀が否定し、破壊しようとしたのは、ヒンドゥー教でもなければ、その聖典であるヴェーダやヴェーダーンタでもなく、堕落腐敗したバラモンたちによって似て非なるカルト宗教と化したヒンドゥー教であり、真逆といってていいほどの誤った解釈の中で人々を様々な混乱と悲劇の中に迷い込ませていたヴェーダやヴェーダーンタの教えなのです。

仏陀は、そうしたバラモンたちの堕落腐敗の犠牲となっている哀れなヒンドゥー教徒たちを、自らが悟った真理の教えによって救済しただけなのです。

真理は絶対普遍であり、二つとは存在しません。

したがって、仏陀が悟った真理は、原初のヒンドゥー教が自らの中に秘めていたものと全く同じものであり、その本質の部分において、双方の教えに開示されている宇宙論や生命論は完全に一致していて、対立する部分などただの一つも存在してはいないのです。

そのため、今も昔も、真にインドの霊的な高みに立った人々の中には、ヒンドゥー教と仏教が異なった教えの中で対立する異なった宗教であると考えるような人はただの一人も存在してはいません。

真にインドの霊的高みに立つ人々の目から見れば、仏教もヒンドゥー教も、全く同じ真理を人々に教え諭す偉大な宗教の、違った側面からの眺めであり、違った表現、違った呼び名にすぎないのです。

したがって、仏教の開祖である仏陀は、かつてインドをヒンドゥー教国から仏教国へと塗り替えていったにもかかわらず、ヒンドゥー教の破壊者ではなく、ヒンドゥー教を自らの教えによって無知と堕落の中から蘇らせたヒンドゥー教の救済者として、今なお全インドのヒンドゥー教徒たちに崇められているのです。

ヒンドゥー教の教えの核心には神があり、仏教の教えには神はありません。

しかしそれは、ヒンドゥー教の絶対的な聖典であるヴェーダやヴェーダーンタが『神と真理は全く同じものの違った現れにすぎない』と教えていることを知るならば、何一つ問題は起こりません。

なぜなら、仏陀が『神』という存在に触れることなく教えを説いたのは、仏陀が『神』の存在を否定していたからではなく、それに触れれば、否応なく人々が巻き込まれてしまう不毛の形而上学的な論争の中で、限られた人生の貴重な時間を無駄にさせることを避けるためであることは、仏教徒にとっても周知の事実だからです。

仏陀は、確かに、神という存在を持ち出すことなく教えを説きました。

「真理の教えこそが、人々をこの世の苦悩や悲しみから真に救うものである」と。

そして、その教えを聞かされていた当時のヒンドゥー教徒たちにとって、たとえ仏教が一切神を持ち出すことも礼拝することもなかったとしても、仏教の教えが真理を最も高みに置いて礼拝するものである以上、自らのなれ親しんできた聖典の教えと致命的な対立を生み出すものではなかったのです。

インドの宗教は、悠久の昔から、バラモン教や仏教やヒンドゥー教、あるいはジャイナ教やシーク教といったように名や姿は違っていたとしても、人々に教えてきた生命モデルはただ一つしかありません。

それは、

『すべての生物の肉体は、魂を育てる成育器であり、進化は、肉体のためのものではなく、その肉体の体験する人生の中で育まれていく魂のためのものである』

ということです。

インドを太古から育んできたすべての宗教が普遍的に教えてきた生命モデルは、自然科学の進化論と同じように、『われわれ人類の祖先は、他のすべての生物の祖先と同じ、原始の世界に生まれた原始の生物である』と教えてきました。

『人類であれ、犬であれ猫であれ猿であれ蛆虫であれ、すべての生物は、太古の世界に生きていた原始の生物が、何億年もの時をかけて徐々に進化して現在に至ったものである』

と。

そして、それと当時に、自然科学の進化論とは完全に異なった主張もしてきました。

それは、

『すべての生物の肉体は死によって滅びたとしても、その肉体を繭として育まれている魂は滅びることはなく、滅びゆく肉体から解き放たれるようにして、霊的な世界に（一時的に）存在の場を移すだけである』

ということです。

そして、

『肉体の死によって霊的な世界に存在の場を一時的に移した魂は、そこで一定期間を経たあと、再び自然の摂理の作用の中で（ヤドカリが体の成長に合わせて、小さな貝殻からより大きな貝殻へと移り住んでいくように）、より進化した生物の肉体へと生み落とされてくるのだ』と。

『すべての生物の肉体は、魂を育てる育成器であり、保護する繭であり、この世を経験するために動き回るための乗り物のようなものであり、死とは、その肉体の中で育っている魂を有効期限の過ぎた肉体から、別の新たな育成器へと移し替えるための現象のような一面を持っているものでもあるのだ』と。

そして、

『すべての生物の肉体に、進化という現象があると同時に、退化という現象があるように、魂の辿る道筋にも、進化と同時に退化という現象が存在しているのだ』と。

『原始の動物の魂が何億年もの時をかけて人へと進化する道筋があるように、人として生まれながらも、その人生を人以外の獣と何一つ変わらないような本能や欲望のままに生きたような魂は、人として生み落とす意味がないので、必然的に自然の摂理はそのような魂を、次の人生では下等な動物として生み落とす退化の道筋もあるのだ』と。

『そうした現象の物質レベルでの発見が進化論であり、物質を超越した霊的な領域での発見が輪廻転生なのだ』と。

すべての生物にとって、人としての人生が最終的な進化の到達点であると、インドの宗教は幾千年の太古から人々に教え続けてきました。

しかし、それは人間が高度な頭脳を持っているからではありません。

それは人間が高度な頭脳を持っているからではなく、人間以外の動物にはない、真理や神を渇望する霊性を開花させているからです。

そして、その霊性の力によって、自己を崇高な魂として完成させるためのチャンスを手にしているからです。

だからこそ、インドの宗教はすべての人に対して、『人生とは、ただ単にこの世を生物として生き抜くためにあるのではなく、人として与えられた人生の中で、自らが進化の過程で持ち越してきた愚劣で動物的な性質のすべてを、崇高な生き方の中で真の人間性へと磨き高めることによって自己を完成させ、聖なる魂となってこの世に別れを告げ、すべての人々がその人生の中で夢見続けてきた真の救済の待つ世界へと旅立つためのものである』と教えてきたのです。

『その事を真に人に悟らせるものが宗教であり、悟られるものが真理である』と。

したがって、

『人として生まれ落ちた者が生きている人生は、そのゴールへ辿り着くための手段としての旅路であって、決して、ただ単に生きること自体に意味があるのではないのだ』と。

『そのことを取り違えて、真理も神も探究せず、ただ単に生きるために生きるのであれば、それは手段と目的の完全なる取り違えであり、たとえそうした人々が、その人生の中でどれほどの偉業を為し遂げ、巨万の富を築き、味わい尽くせるだけの快楽娯楽を味わい尽くしたとしても、そのような人生には何一つの価値もあり得ないのだ』と。

そしてそのことを、幾千年もの古からインドの人々の細胞の一つひとつに、心と魂の隅から隅まで教え込んできたものがヴェーダでありヴェーダーンタなのです。

したがって、インドにわれわれが見ているヒンドゥー教というものは実を言うと単一の実体を持った宗教ではなく、ヴェーダやヴェーダーンタが開示している真理を悟るための様々な修行や、神を悟るための礼拝様式や、そうした道を歩む人々が守らなければならない規律といったものが無数に集まって描き出している全体像のようなものなのです。

それは、森というものがある一定の距離を置いて眺めている時だけ森としての姿をとっていたとしても、至近距離まで近づいてしまえば、様々な種類の草木が生い茂る自然そのものに姿を変えてしまうように、ヒンドゥー教もまた、距離を置いて眺めている時だけ宗教としての姿をとってはいても、部外者が、それが何であるかを知ろうとして近づいていった瞬間に、蜃気楼のようにして自らの実体を消し去っていくものなのです。

ヒンドゥー教には、他の宗教のように開祖というものが一切存在していません。

そこには、ヴェーダやヴェーダーンタという、あらゆる時代のあらゆる土地において悟りを開き、あるいは解脱し、あるいは見神者となった、無数の聖賢や、聖仙、聖者たちの神や真理に関する証言が聖典として存在しているだけです。

ヴェーダやヴェーダーンタというヒンドゥーの聖典は一人の開祖によって生み落とされたものではなく、無数のリシやヨーギたちによって生み落とされた教えの集合体であって、一切、線としての繋がりは存在していません。

そして、その独立した無数の点として存在している教えの一つひとつが、それぞれに違った表現の中で、唯一無二にして絶対普遍である真理を開示しているのです。

幾千年ともしれない悠久の時代の中に点在し、お互いに接することを知らぬままに無数に隔絶された土地の中に生き、礼拝する神の名や姿も違えば、修行の形態も方法も全く違っていたすべてのリシやヨーギたちによって悟られた絶対普遍の真理、あるいは唯一無二の神に関する証言の一つひとつが、その核心においては完全に一致していたため、ヒンドゥーの人々はそれを絶対的な聖典として崇めるに値するとして取り扱ってきたのです。

そうした聖賢、聖者たちのすべてが、『自らが悟った真理と、それ以前にヴェーダやヴェーダーンタに開示されてきた真理とは全く同じものである』と、たった一人の例外もなく証言し続けてきたため、……この、出発点も修行方法も全く違う道を辿って霊性の真の高みへと到達したリシやヨーギ、聖賢や聖者たちのすべてが、『自らが属する宗教が何であれ、学ぶ聖典が何であれ、崇める神の名や姿がどのようなものであれ、真に正しい道を歩み続けるのであれば、すべての人が霊性修行によって到達する至高の境地は一つであり、悟る真理も、邂逅する神もただ一つしか存在しない』と証言してきたためです。

そして、そうしたヒンドゥーにおける真の驚愕は、カースト上の制約によってヴェーダやヴェーダーンタを学ぶことを許されず、完全な無学の中に生きてきた人であれ、娼婦やヒンドゥーの戒律を破ったためアウトカーストに追放されたような人々でさえもが、後に辿った霊性の道において悟りを開いた後にヴェーダやヴェーダーンタの教えに触れた時には、一様にそれを『すべて真理である』と証言してきたことです。

したがって、ヒンドゥー教というものが神への礼拝に始まり、神への礼拝に終わっているように見えていたとしても、そのヒンドゥー教徒たちがその信仰の中で真に求めてきたものは、ヒンドゥー教が教える〔神〕でもなければ〔救済〕でもなく、この世の嘘偽りのない真実を悟らせてくれる〔真理〕なのです。

その彼らが今現在ヒンドゥー教徒であるということは、今のところヒンドゥー教が真理への悟りへと導いてくれる宗教であると彼らが信じていることを意味しているだけのことでしかないのです。

逆に言えば、ヒンドゥー教徒は、ヒンドゥー教が真理に立脚していると認める限りヒンドゥー教を支持しますが、もしヒンドゥー教が真理を見失ったと判断した時には、ヒンドゥー教を見捨てて、ヒンドゥー教以外のところに真理を捜し求めることをそれほど躊躇しません。

そして実際、インドは、今からおよそ二五〇〇年を逆上る昔に、そうした出来事を実際に経験しています。

それが、仏陀の登場によって全インドがヒンドゥー教から仏教へと完全なる無血革命の中で改宗し、仏陀がこの世を去ったあと、再び仏教国からヒンドゥー教国へと姿を変えていった出来事です。

仏陀（釈迦牟尼）が現れるまで、インドの人々は、真理はヒンドゥー教を通して悟ることが出来ると信じて、ヒンドゥー教徒として生きていました。

しかし、仏陀が教えを説き始めると、人々は、仏陀の教えこそが真理であり、堕落したバラモンたちの教えるヒンドゥー教は既に真理を見失っていて信仰するに値しないと判断してそれを打ち捨て、躊躇なく仏陀に帰依し、仏教徒となりました。

そしてその仏教もまた、開祖である仏陀が入滅し、時が経っていくと、その弟子たちの教えの中から急速に仏陀によって明らかにされた真理が見失われていることを感じ始めました。

そして、皮肉なことに、かつて自分たちが見捨てたヒンドゥー教が、仏陀の教えによって真理を悟り、瑞々しく再生していることを知ったのです。

その結果、ほとんどすべてのヒンドゥー教徒たちが、かつてヒンドゥー教を見捨てて仏教徒となったように、仏教を見捨ててヒンドゥー教へと立ち返ったのです。

そのあたりのことをちゃんと理解しておかないと、インドで生まれ、一旦はインド全域に広まった仏教が、その後アジアの他国に勢力を拡大していったにも係わらず、発祥の地であるインドそのものからはほとんど姿を消してしまっている理由が全く理解出来ないことになるのです。

偉大な世界宗教の中には、仏教のように、真理をその到達点に仰ぎ見るようなものと、キリスト教のように、神をその到達点に仰ぎ見るような二つのタイプがあります。

そして、ヴェーダの教え示す霊性修行の道も、神を求めて行うものと、完全なる無神論の立場に身を置いたままに、ただひたすら真理を求めて行うものの二種類があります。

そして、そのどちらの道を突き進んだとしても、その到達点においてリシやヨーギたちに、悟られたことは全く同じものだったのです。

それが即ち、『人がただひたすら真理を求め続けるならば、その者が真理を悟った時に邂逅するものは〔神〕である』ということであり、『人がただひたすら神を求め続けるならば、その者が神に抱かれた時に悟るものは〔真理〕である』ということだったのです。

『なぜなら、この二者は、全く同じものの違った現れにすぎないからである』と。

したがって、ヴェーダは、『すべての宗教が、真に人類に伝えようとしている教えの核心にあるものは全く同じものである』として、決してそれぞれの宗教に優劣をつけたり差別をしたりすることはありません。

ヴェーダはただ単に『すべての偉大な宗教とは、（この世のすべてを超越しているがために）名も姿も持たず、それゆえ、どのような名と姿を通して祈り崇めることも許す唯一無二の神が用意した救済へと人々を導くために、それぞれの開祖によって敷かれた、宗教という霊的な道なのである』として、すべての宗教を、彼らが陥っている対立や憎しみや偏見の中から、違う時代の、違う国に生まれた兄弟姉妹としての友和の中へ連れ戻そうと働きかけるだけなのです。

# 第五章　宗教聖典としてのヴェーダーンタ

ヴェーダーンタは告げます。

「すべての生物は、人知を超越しているがために不可知である神を父として、その神秘に抱かれた自然を母として生み落とされたものたちである」と。

したがって、「すべての人類が等しく神の子であり兄弟姉妹であるように、すべての生物もまた等しく神の子であり、兄弟姉妹なのだ」と。

「すべての生物には魂として秘められた神性があり、魂は肉体の死によっても滅びることはなく、自らの生きた人生を糧として育ち、死によってその人生から解放された後に、次なる段階へと進むための新たな人生を、輪廻転生によって得ていくものなのである」と。

「すべての生物の肉体や心を機能させているものは物理的なエネルギーであったとしても、その生物の〔生命〕の根源的な存在基盤というものは物理的な肉体にではなく、〔魂〕の領域にこそ隠されているのだ」と。

ヴェーダーンタは、『進化の到達点に立っている人類にとって、その人生の持つ意味は、進化の途上にある他の生物のそれとは全く違っているのだ』と告げてきます。

『人として生まれた者にとって、その人生は、他の生物のように、ただ単に生きることが目的なのではなく、その人生の中で【ただ一つのこと】を知るためにあるのだ』と告げてくるのです。

ヴェーダーンタが告げる、【人が知るべきただ一つこと】とは、『私はいったい誰なのか?』ということです。

『なぜなら、その答えの中にこそ、この世の謎のすべて、……「すべての生物は何のために生まれ、何のために生き、何のために死んでいかなければならないのか?」といった疑問のすべてを解くための鍵が〔真理〕として隠されているからである』と。

『もし人がそのことに気づかず、生まれてから死ぬまで肉体生命の維持や繁栄や安楽だけに気を取られて生きていたとするなら、それは目的と手段の愚かな取り違えであり、そのような人生にはほとんど何の意味も存在し得ないのだ』と。

☆　　☆

ヴェーダーンタはそう告げた上で、すべての人々に対してこう続けてきます。

『あなた方の多くは、「たった一度の人生さ」とうそぶきながら生きる。しかし、そうした人の誰一人として死を拒否出来ないように、輪廻転生によって来世に誕生することを拒否出来ないのだということとを知らない』と。

『この世に生み落とされたすべての人の命というものは、たった一度の死によって永遠に終止符を打つようなものではなく、死の後も輪廻転生として新たな人生を得ながら、誕生と死を繰り返しながら、自らの魂が真に崇高なものとして完成されるまで続いていくものなのである』と。

そしてそう証言した上で、次のように続けます。

『あなた方の生まれ落ちた人生において、サイコロゲームのような運不運は一切存在していない』

『あなた方がこの世に生み落とされた生存環境、身につけてきた容姿、才能、運動能力などの身体的特性、及び、その人生で体験する運不運といったもののすべては偶然のいたずらとしてあなた方に与えられたものではなく、あなた方がいつ始まったのかも知ることの許されない悠久の過去から輪廻転生として生きてきた前世において犯した罪や過ち、積み重ねてきた善や徳によって形作られてきたものにすぎない』

『あなた方が生まれ落ちた世界において、原因と結果は一つのものである。

いかなるものにも原因のない結果は存在しない。

あなた方が、その人生で手にし経験している幸運や不運、偶然や必然という形を取ってあなた方の人生に待ち構えている物事のすべては、あなた方が過去に犯した罪や過ち、積み重ねた徳や善行といった原因が時間の経過を経て、現世の中に〈運命〉として実を結んだだけのものである。

しかし、同じ時に蒔いた種であっても、その植物の種類によって実をつける時期は様々であるように、それが、前世で蒔いたものなのか、それ以前の人生を生きていた時に蒔いたものなのか、その確かなことを知ることの出来る者はいない。

しかし、その運命の種はあなた方の蒔いたものであることに間違いはないのだ

『この世に生まれ落ちたあなた方の誰一人として、自らが犯した罪の裁きから逃れられる者はなく、自らが為した善行のもたらす果報からこぼれ落ちる者も存在しないのである』

『あなた方は、ものの見方があまりに近視眼的であるために、真実を常に見誤る。

悪人が栄え、善人が虐げられるといって神を非難する。

しかし、現世において罪を犯した者が、来世においてどういう裁きを受けるのかをあなた方の誰も知らないのである。

そしてそれと同じように、現世において罪を犯しながら束の間の繁栄を得ている者たちが、前世においてどのような善と徳とを積み重ねてきたかを、あなた方の誰も知らないのである。

彼らが、今現在手にしている幸運や繁栄といったものは、現世における彼らの生き方の結果ではなく、前世における良い行いの結果がもたらしているものであるということを、……彼らが悪事の中で得ている今現在の束の間の幸運や繁栄といったものが、その後に待ち受けている、地獄の業火で焼かれ続けなければならないような裁きの場へ送り込まれるためのささやかな宴にすぎないことを、人は誰も知らないのである』

『それと同じように、あなた方は、現在の堕落した人生の中で、あなた方が将来刈り取らなければならないどれほどの苦痛や悲嘆として育つ運命の種を蒔き続けているのかを知らない。

あなた方はその人生で、刹那的な快楽と引き換えにあらゆる過ちに手を染めながら生きる。しかし、

あなた方は、あなた方が犯した過ちの分だけ、次の世で報いを受けなければならないことを知らない。

正しく生きた者はその分だけ次の世で神の恩寵を受けるために生まれ、過ちの中に生きた者は、その分だけ次の世で運命の裁きを受けるために生まれることを知らない。

あなた方にとって現世とは、あなた方自身が過去に蒔いたカルマという行為の結果である〔禍福〕という運命の収穫を、神によって命じられている場にすぎないことを知らない。その運命の全体像こそが、あなた方の生まれ落ちた人生そのものだということを知らない』

『あなた方が現在の人生で体験しているあらゆる禍福の形をとって振りかかってくる運命のすべてが、あなた方の生きた数限りない過去の人生に原因するものであり、今現在のあなた方の生き方が、将来にあなた方を待ち受ける運命を決定する原因であることをあなた方は知らない。

あなた方が蒔いたカルマの種によって育った運命という作物のすべては、あなた方がその手で刈り取らなければならない。

誰も、この原理から逃れることは出来ない。

たとえそれが、刺《とげ》ばかりで何の実りももたらさないものであったとしても、いかに醜く毒のあるものだったとしても、あなた方自身がその作物の種を蒔いた者である以上、刈り取らずに人生を終わることは出来ないのである。

あなた方は、その作物を刈り取る時に受ける苦痛、流す血や涙によって、自らが犯してきた過去の過ちを償わされているのである。

たとえ、自殺によってそれを拒否しようとしても、占いや魔術的な力に頼ってそれから逃れようとしても、それは不正による義務からの逃避という新たな罪が生み出す過酷な運命として次の人生であなた方を待ち受けるだけである。

死によってすべてを奪い去られたあなた方を、その後に待ち受けるものが何であるかを、あなた方は常に考えておくべきである。

それはあなた方が考えるような、一切の無でも、終わりでもない。

無知な人々が信じようと信じまいと、死のあとに待つものは、その人生で犯した罪や過ちと、積み重ねた善や徳の総計として与えられる条件の中で生きなければならない、輪廻転生による新たな人生であり、人生という名の試練である。

そこで待ち受けるあなた方の来世が、今より恵まれたものとなるのか、遙かに悲惨なものとなるのかを誰も前もって知ることは出来ない。

果たしてそれが、再び人として与えられるのか、その他の虫、獣などの生命体の一つとして与えられるのか、この世を彷徨う悪霊として与えられるのかさえあなた方には分からないのである。

それはあくまで、あなた方がそれまでの人生で犯した罪や過ちと、積み重ねた善や徳の総計の結果としてその者を未来に待ち受けるのである』

『あなた方は、いつの世でも同じことの繰り返しである。

貧しく生まれた人生で虐げられながらもけなげに正しく生きた者も、その結果として与えられた富と栄光に満たされた次の人生では、一転して貧しい者を蔑むようなエゴと傲慢の人生に身を落としていく。

甘やかせばつけ上がり、叱りつければ身を正す！

輪廻転生の中で何回人生をやり直そうとも、何百回やり直そうとも、あなた方の霊性に真の進歩はない。

神が、何度その人生の中で教えを与えて救済の道を示しても、あなた方は自らに隠された霊性を高めるための努力をせずに、虚しく欲望を追い求めるだけで、いっこうにその世界が何であるか、自分が何者であるかに気づこうとはしない。

真の救いは、あなた方が〔自分が何者であるか〕ということに気づいた時におとずれることを知ろうとしない』

『人は誰もが〔自分は何者なのであろうか？〕ということを考える時、「自分は物質が寄せ集まって作られた肉体であり、その肉体が生み出している【生命】という特殊なエネルギーであり、そのエネルギーの働きによって生み出されている意識や知性や思惟といったものの総体であり、決してそれ以上でも以下でもあり得ない」という結論に達している。しかし、それは頭脳が生み出している愚かな事実誤認であり、真実ではない！』と、ヴェーダーンタは告げてきます。

そして、そう告げた上で更にこう続けます。

『実を言うと、すべての人にとって、「自分が何者なのか？」ということの答えは、「自分が誰の子供なのか？」という事実の中に隠されている』のだと。

『蛙の子は親とは似ても似つかないオタマジャクシであり、トンボの子もまた親とは似ても似つかない姿形をしたヤゴである。しかし、目の前にどんなに得体の知れない姿形をした生物の子がいたとしても、それが将来どのような姿形に育つのかは、その生物を生み落とした親がどのような姿形をした生物なのかを知ることによって知ることが出来る。

それと同じように、人は「自分が何者なのか?」ということの答えを、「自分をこの世に生み落とした両親とは、一体誰なのか?」ということを知ることによって知ることが出来るのだ』と。

『逆に言えば、すべての人は、「自分が何者なのか?」ということを知らないように、自分という存在をこの世に生み落とした真の両親が誰であるかを知らないままに生きているのだ』と。

一般論として、われわれのほとんどすべては、自分の両親が誰であるかを知っていると考えています。

しかし、ヴェーダーンタはそうした考えさえも、『それは、あなた方の頭脳が生み落としている迷妄であり、あなた方は誰一人として、自分の本当の親を知らないままに生きているのである』と完全に否定してくるのです。

『あなた方のすべては、自分が誰であるかを知らず、自分が誰であるかを知らないように、自分をこの世に生み落とした真の親が誰であるかを知らないままに生きているのだ』と。

『あなた方の頭脳は、その人生の中で手に入れてきた情報を基にして、あなた方の命をこの世に生み落としたのは母親であると主張するかもしれない。

しかし、その主張は迷妄であり、真実ではない。

なぜなら、あなた方の命は、あなた方の母親が受胎という現象の中で天から授かったものであって、あなた方の母親が自らの力で創造したものではないからである。

あなた方の体は、無数の原子によって形作られている。

しかし、そうした無数の原子の中のたった一つといえども、あなた方の母親が自らの意志によって作り出したものではない。

そして、その肉体の中で、命として機能しているエネルギーもまた、あなた方の母親が創造してあなた方に授けたものではない。

それはあなた方の母親によってではなく、あなた方の窺い知れない神秘の力によって作り出され、母親を介してあなたに授けられたものでしかないのである』と。

『より高次の観点から言えば、あなた方はすべからく、この宇宙を、物質も時間も空間も超越した不可知の領域から見守りながら育んでいる神を父として、その神の神秘に抱かれた自然を母として生み落とされた者たちなのだ』と。

したがって、

『すべての人類は等しく神の子であり、兄弟姉妹なのだ』と。

したがって、

『すべての子供たちが、否応なく、父親と母親のもつ特質を遺伝として受け継いで生まれてきているように、すべての人類もまた、この世のすべてを超越した神秘である「父なる神」の特質と、「母なる自然」の双方の特質を等しく併せ持って生まれてきているのだ』と。

だからこそ、

『どれほど遠い国に離れて暮らし、どれほど肌の色や、話す言葉や、文化や、考え方が違っていたとしても、争い合うのではなく助け合いながら、他の誰かの流す血や涙の上に自らの繁栄を築こうとすることなく、すべての人がすべての人への思いやりの中で共存共栄の道を歩もうと努力すべきなのだ』と。

だからこそ、
『たとえあなたが、他者より優れた頭脳や強い力を持って生まれていたとしても、そうした力で、誰一人をも傷つけたり、踏みにじったりしようとすべきではないのだ』と。

なぜなら、
『その時あなたが傷つけようとしている見知らぬ他人のすべては、あなたが自らの愚かさの中で見失っているあなたの真の兄弟姉妹なのだから』と。

そう教え諭した上で、死を前提として与えられている人生が何のために存在しているかについても、端的に教えてきます。

即ち、
『すべての赤ん坊にとって、人生として与えられた道のりが、父や母と同じ大人へと成長するためにあるように、神を父として、自然を母として生まれ落ちてきたすべての人に与えられている人生もまた、自分という存在を、父なる神へと、母なる自然へと成長させるために与えられたものなのだ』と。
『すべての人生に用意されているゴールは死である。

しかし、すべての人生にゴールとして待ち受けている死は、物質で作られた母なる自然の特質を受け継ぐ「肉体」の死ではあっても、物質を超越した父なる神の特質を受け継ぐ「魂」の死ではない。

死によって、母なる自然と同じ特質を受け継いでいる物質で作られた肉体はたった一つの例外もなく、命を失った瞬間から、物質である母なる自然へと帰融していく。

それと同じように、死によって、肉体が命を失い朽ち果て始めた時、父なる神の特質を受け継いでいる魂もまた、肉体という殻（育成器）から解き放たれるようにして父なる神の元へと飛翔していくのである』と。

『しかしその時、肉体のすべてが無条件に母なる自然に受け入れられるのとは対照的に、父なる神の分け御霊である魂は、その人生の中で神の子として十分に相応しい神聖さを身につけてきているかどうかを厳しく問われることになる。

そしてもしその魂が、それまでの人生の中で神の子としての十分に相応しい神聖さを身につけていなかったのであれば、死によって肉体という繭から解き放たれた後に父なる神を追い求めたとしても、決して父なる神の待つ世界に辿り着くことは出来ない。

そのような魂が辿り着けるのは、神の子としての栄光を授かる世界ではなく、それまでの人生で犯してきた罪や過ちを償い、自らを神の子として相応しい魂へと育て直すために与えられる新たな人生である』と。

だからこそ、

『人は誰であれ、天命として、その人生に用意されている死を決して恐れるべきでも、忌み嫌うべきでもないのだ』と。

だからこそ、

『人は誰であれ、死が天命として与えられるまでは、その人生を、あだやおろそかに生きてはならないのだ』と。

『人は誰であれ、死が自分の人生を通して辿り着くことの出来る唯一のゴールとして用意されているものであったとしても、それが天命として自らを迎え入れに来るまでは、決して現実逃避的な身勝手さで死を望むべきではなく、その人生に立ちはだかるあらゆる艱難辛苦を、獣や悪魔のようにではなく、真に神の子として相応しい、清く、正しく、美しい、思いと言葉と行為の中で乗り越えながら生きていこうとすべきなのである』と。

『たとえ、獣や悪魔のように生きたとしても、逆に、仏陀やキリストのように神聖な人生を生きたとしても、その人生の最後に待ち受けるものは同じ〔死〕でしかない。

しかし、その死によって、肉体という繭（育成器）から解き放たれた魂が得るものは、天国や地獄よりも、もっと、遙かに大きな差を持つものなのだ』と。

『神はあなた方に道を示す。しかし、そこへはあなた方が自らの足で歩いていかねばならない。

あなた方が真に自己の神聖さと本質に気づき、それに立ち返って覚醒した時に、あなた方を取り込んでいた人生という辛く苦しい夢は永遠に終わるのだ。

なぜなら、あなた方の経験している、その辛く苦しい人生は、あなた方のエゴに塗《ぬ》れた魂を、その人生に用意された試練によって磨き高め、神の子としての神聖さを身につけさせていくためのものだからである』

『あらゆる宝石の原石は、宝石となるために、余分な部分を削り取られ、美しく光り輝くために研磨されなければならない。

その過程を経ることなく、宝石としての輝きや地位を手に入れることは出来ない。

しかし、宝石の原石が、自らの身を削られなければならないのは、宝石としての輝きを得るまでであって、いったんその輝きを得たあとは、二度と身を削られるような試練にさらされることはなく、逆にいかなるものからも害されることがないように手厚く保護されるようになる。

それと同じように、人が、人生という試練に晒されるのは、自らが神の子としての神聖さを身につけるまでであって、いったん、神聖さを身につけて神の子として覚醒したあとは、二度と人生の苦難や悲しみといったものの手の届かない神の至福の中に保護されることになるのである』と。

『しかし、人が真にそのことを悟り、その課題をクリアし終えるまでは、終わることのない輪廻転生という鎖に繋ぎ止められたまま、永遠に誕生と死を経験させられ続けなければならない。

人がその世界の中で輪廻転生するように、宇宙そのものも、神という神秘に抱かれたまま、創造、維持、破壊の中で輪廻転生し、現れては消え、来ては過ぎ行くものとして存在し続ける。

そうした現象のすべては、サンスクリットによってリーラと呼ばれ〔神の行う聖なる戯れ〕として知られている。

いつそれが始まったのかは、何によっても説明されることも出来なければ、どのような努力によっても理解することも出来ない。

それを説明し得る言葉や、理解しうる知性や、表現しうる概念は、そもそもあなた方の世界には存在していないのだ。

それは、ただ、始まるようにして始まったとしてあなた方が受け入れるしかないものである』

『あなた方が現実として認識している世界の中で見、経験しているすべてのものは、名も姿も持たない絶対普遍の神がその一切に介在することによって与えた神聖な命のきらめきである。

あなた方はその世界の中で神の与える食べ物を食べ、神の与える力によって生き、神の与える時間によって神自身の手の中を動き回っているにすぎない。

あなた方が、この真理を理解しようとしまいと、それは真実である』

『あなた方の生まれ落ちた世界には、無数の神を崇める無数の宗教が存在しているかもしれない。

しかし、この世に、この世界の存在基盤としてこの世を支えている根源的な神はたった一つしか存在していない。

あらゆる宗教は、その唯一無二の神を、それぞれに違った名で呼び、違ったものとして誤認しているものにすぎない。

すべての存在と現象の基盤である真実の神は、一切の属性を越えて無限であり、一切に偏在するものであり、あらゆる細微より細微であり、知覚しうる一切の巨大より巨大のものであり、あらゆる顕現するもののすべてであり、いまだ顕現せざるもののすべてであり、一切の照覧者であり、一切を動かすものであり、あなた方の理解を越えた神秘のすべてである。

故に、神を神として知覚する者のあらゆる認識は、ある部分、あるいは、ある限定の中においてのみ真理を宿すものであり、その他においては不完全の中に育つ誤認としてしか存在し得ない。その一切の真理は知の無限である全知、存在の無限である偏在として実在する神の中にのみある。したがって、いかなる宗教といえども、自分の宗教だけが正しい神の教えと正しい神を知っているという資格は持っていないのである』

『すべての宗教において悟られ、開示されている「神」は唯一無二の同一のものである。しかし、その唯一無二の一者である神は、時間も空間も人知をも超越したものであるため、いかなる聖者や賢者の言葉をもってしてもその全容をあるがままに、余すことなく伝えることは原理的に不可能であり、一〇〇人の見神者が自らが悟った唯一無二の神について語ったとしても、一〇〇の違った記述にならざるを得ないのだ』と。

『それは、たった一匹のカメレオンを見てきた一〇〇人の人々に、「その生き物はどのような色をしていましたか」と聞いた時、すべての人が正直に自らが知っている真実を語っていたとしても、カメレオンが環境に応じて色を変える生物である以上、それは幾つもの異なった答えにならざるを得ないのと同じように、無数の異なった記述にならざるを得ないものなのである』とヴェーダは告げてきます。

『そして、そうした人々の証言のすべてが間違いではないにもかかわらず、その証言の一つひとつは決して真実の全体像でもあり得ないように、すべての宗教において悟られ、開示されている「神」の記述は唯一無二の同一の神に対するものでありながら、その全体像を余すことなく記述するものではあり得ないのである』と。

『したがって、すべての人は、異なった宗教を信じる人々と出会った時、その教えの違いや礼拝されている神の名前の違いを上げ連ねて対立するのではなく、互いの宗教を貫く聖なる共通項の存在に注目し、互いが互いの信じる神の道を歩いていこうとする自由と権利を犯すことなく、互いが互いに対する敬意の中での共存を心掛けるべきなのである』

と。

そしてその共通項の最たるものの一つが『人は神の子である』というものなのだと。

『あらゆる宗教に崇められている神が一つである以上、あらゆる宗教に秘められた神の教えもまた（本質においては）一つである。

そこに違いがあるように見えるのは、自らの宗教の聖典に開示されている教えの真実も、他の宗教に開示されている教えの真実も共に理解出来ない信者たちの愚かさに原因があるだけなのだ』

『すべての宗教は正しく、その教えに対する人々の理解が間違っているだけなのである』と。

『神は、それぞれの時代と場所において、最も適当と思われる神のビジョンを偉大な聖者たちに与えてきた。

そして、それは人々に開示され、その一部が世界宗教として消え残ってきた。

しかし、その時開祖となった聖者たちに与えられた神のビジョンは、人々のエゴと欲望に満ちた手を経ていく中で汚され、今では見る影もなくなってしまった。

あなた方の生まれ落ちた世界において、人々が宗教の中に崇める神の概念や教えのほとんどすべては、単に神の与えた神聖なビジョンの上に塗りたくられた、人々のエゴや無知という手垢にすぎない』

『あなた方がそれを信じようと信じまいと、それは真実である。

そして、そのことを正しく感じ取ることの出来た者だけが自らの信仰への自惚れや傲慢さも、無知も乗り越えて崇高な霊性に目覚めていくのである。

そしてそれは真の苦行によってなされる。

霊性の道における真の苦行とは、肉体を痛めつけることや、苦痛を耐え忍ぶための修行を意味しない。

霊性の道における真の苦行とは、自らの自我に深く根を張ったエゴというエゴを根こそぎ無力化してしまうための内面的な修行のことであり、自らの本性である神聖に目覚め、一切の偽善を捨て、無私の愛と正義に満ち溢れていくためのあらゆる試みのことである。

したがって、修行者が偉大な苦行を為し遂げることによって、自分が偉大な苦行者であるというような自惚れを身につけたのであれば、その修行者は、自らが為し遂げた苦行によって霊的高みに登ったのではなく、低みへと滑り落ちたのであって、何一つ苦行を行わなかったことによって、謙虚であり続ける修行者にさえ、もはや劣ってしまったことを意味しているのである』と。

『あなた方は、自らに秘められている霊的知性の中で「私は何者なのであろうか？」ということを探究しない限り、その世界をいくら科学的に調査研究したとしても、その世界の正体が何であるかを突き止めることは出来ない。

なぜなら、世界を研究するためにあなた方が駆使している科学そのものが、実は世界の一部にすぎないからである。

世界の一部であり、世界そのものから切り離すことの不可能な科学によって世界の全容を明らかにしようとする試みは、自分の目で、自分の姿を見ようと試みるほどに愚かであり、自分自身の体の重さを、自分自身の手によって持ち上げて計ろうと努力するほどに愚かなのである』

『あなた方がその世界に呑み込まれたまま、なぜその世界が存在するのかを考え続ける限り、その答えが正しくあなた方にもたらされることはあり得ない。

それは夢を見ている時に、夢の正体を確かめようとするほどに不可能なのである。

夢がその正体をあなた方の前に明らかにするのは、いつの場合でも、あなた方が夢から覚めた時ではなかったであろうか？

そのように、あなた方の生きるその世界が何であったかは、あなた方が真の自己として目覚めた時にだけ、初めて明らかになることなのだ』と。

『あなた方が真の自己として目覚めること、それをヒンドゥーでは〔解脱〕や〔自己実現〕や〔悟り〕と言うのである』と。

そしてこう続けます。

『霊性の道に生きる修行者にとって、彼が身につけた真の謙虚さと平等心こそが、彼が行った真の苦行の成功の証である』と。

『真の謙虚と平等心を身にまとい、ただひたすらに霊性の道を突き進む者は遠からず真の英知に輝く。

英知は彼をして解脱へと導く。

解脱へと達した時、その者は知るのである。

彼が今まで、単なる自然現象によって生み出され、自然現象によって維持運営されていると思い込んでいた物質世界とは、無相の神が、姿をとるために創造した神の入れ物のような世界であったことを。

人がその世界で体験する一切の出来事は、神が背後にいて演出する神聖なドラマのようなものであったことを』

ヴェーダーンタは、神が人に真に望んでいるものは『たった一つしかない』と告げてきます。

それは、

『いついかなる時でも、常に幸せでいることである』と。

なぜなら、

『神によって生み落とされた神の子である人の本質は至福であり、人は自らの霊性の奥深くに隠されている、神の子としての至福へと通じる扉を開いて幸せになるためだけにこの世に生まれ落ちてくるものだからである』と。


しかし、残念ながら、人は、神が人の霊性の扉の奥深くに用意しておいたその『幸せ』を手に入れる方法を誰一人として知らないままに生きているのだと。

そして、そうしたすべての人にとって生得の『幸せ』を手に入れる方法を人に教えるものがすべての宗教に秘められた教えの核心の一つなのだと。

したがって、ヴェーダーンタがすべての人に教えようとしているものも、〔それ〕、即ち『人に生得の幸せを勝ち取る方法』なのだと。

しかし、それは、人が頭脳の力に頼ることによっては決して見いだすことも、理解することも出来ないものとして存在しているものなのです。

『それは頭脳の力によってではなく、人に自らの良心の声を聞かせ、人に自らの幸せだけではなく万人の幸せを祈らせ、世の訳知り顔した人々が寄ってたかってその存在を嘲笑い否定したとしても、人に心密かに神への愛慕の念を思い起こさせる、人の精神世界の奥深くに隠されている霊性にだけ存在しているものなのだ』と。

したがってヴェーダーンタは、人が真の幸福を望むのであれば、頭脳が生み出す知恵の力にだけ頼り続けることを止め、自らの真の本質である霊性に立ち返ることを求めてくるのです。

しかし、だからといってそれは、人に「今の科学的な生活を捨てて宗教に帰れ！」と言っているわけではありません。

ヴェーダーンタは、誰に対しても、「今の生活を捨てろ」と言いません。

ヴェーダーンタは、ただ『あなたのしがみついている今の生活にたった一つのことを付け加えればいいのである』と言うだけです。

その『たった一つのこと』とは、【神への祈り】です。

『あなた方が今まで唯物論の上に置いてきたあなたの人生を、神への祈りによって敬虔な信仰の上に置き直しなさい』と言うだけです。

『それによって、あなた方が失うものは何一つない』と。

『人はただ、そのことによって、〔神の恩寵〕という真の宝を手に入れる資格を手に入れるだけである』と。

『神の恩寵は、神の子であるすべての人々にとって、無条件に受け取る資格を有するものである』

『しかし、それはあなたが真心から祈らない限り、あなたに与えられることはない。

なぜなら、父である神は、子であるあなたに、父なる神の恩寵を拒否する自由と、要求する権利の双方を与えてこの世に生み落としているからである』

『「神など決して信じない」と嘲笑いながら唯物論の中に生きたいのであれば、そうする自由を神はあらかじめあなたに与えている。

したがって、そのことによって神があなたに罰を与えることはない。

ただ、神に背を向けた人生を生きる以上、神の子として神の恩寵を受け取る資格は剥奪されなければならないだけである』

『〔神の恩寵〕という真の宝を手に入れたいと望む人は、心して聞きなさい。

あなたが神に祈りを捧げたからといって、神が得するものは何一つない。

ただ、あなたが得するものがあるだけである。

あなたが、真に清らかな心で神に祈りを捧げたものは何であれ、神はその望みを叶える。

しかし、そのことによって、全知全能である神が、あなたに見返りを求めることは（たとえそれが野に咲く花の一輪であれ、財布の中の一円の金であれ）決してない。

神への祈りは、あなたに必要なのであって、神に必要なわけではない。

この世の富のすべては、神が生み出して人に与え続けてきたものであり、今後も人に与え続けるものである。

したがって、神があなたに、あなたの祈りを叶える見返りとして、自らが生み出したこの世の富を要求することなど絶対にあり得ないのである。

人に見返りを要求するのは欲にとりつかれた人の常であって、神の常では決してない』

『人が、神の実在を信じ始めた時、最も危険な落とし穴として待ち受けるものは、そうした人々に、神への仲介をちらつかせる宗教や、自らが体得した神的な力をちらつかせることによって救済を持ちかけてくる霊能者や、エセ聖者たちであり、神の恩寵が、そうした宗教や人たちの力を借りれば手に入ると安易に考える、人の心の弱さであり、愚かさである。

人は誰であれ、神の実在を信じる気持ちがほんの少しでもあるのであれば、心して聞くべきである。

もしあなた方に、何らかの取引によって、あなた方の苦境や病を、神の力によって助けてあげようと持ちかけてくる、宗教や霊能者や聖者たちがいたとしたら、それは断じてあなた方が係わるべき真の宗教でもなければ、霊能者や聖者でもないのだということを。

そうした宗教や霊能者や自称聖者に出会った時には、すべての人は真に自らに問い掛けるべきである。

「果たして、仏陀やキリストが、苦しむ人々に向かって、救済する見返りとしてたとえ一円の金でも差し出せと要求したことがあったのであろうかと？

たとえそれがどのような悪人に対してであったとしても、誰かを傷つけたり、殺せとそそのかしたことなどあったのであろうか？　と。

いつの世でも、それをしてきたのは、仏陀やキリストがこの世から姿を消した後の世界に生きた、自称彼らの弟子たちであって、決してそれは仏陀やキリスト自身でもなく、彼らと共に生きていた彼らの真の弟子たちでもなかったのだということを』

『すべての人は誰一人の例外なく、等しく神の子である。

したがって、すべての人は、誰一人の例外なく、自らの存在の深遠に秘められている霊性の領域において神と直接繋がっている。

誰一人、神に見放されている者などいない。

ただ、神を拒否しているがために、神から見放されたように感じている人たちがいるだけである。

あなたがたとえ誰であれ、心して聞くべきである。

あなたが誰であれ、たとえ過去にどのような罪を犯した者であれ、恐れることなく神に祈るべきであることを。

その事によって、神はあなたを悔恨の涙で洗い清め、救うことはあっても、決して罰したりすることはないのだということを。

あなたは知るべきである。

神こそが、あなたの真の力であり、あなたの真の幸福であり、あなたの真の叡知であり、あなたの存在の真の基盤なのだということを。

だからといって、あなたが神を求めて、どこかの聖地や神殿や寺院を捜し回ったり、特別な能力を持つ人々にすがったりする必要など全くないのだということを。

なぜなら、あなたは生まれながらに神の愛し子なのだからである。

全能の父である神が、愛し子であるあなたの側を離れて立ち去ったことなど今まで一度もなく、これから先も決してあり得ないのだから。

神は、あなたが神を嘲笑いながら無神論の中で傲慢に生きていた時も、この世の試練に打ちひしがれて人知れず泣いていた時も、あなたの魂を抱く愛として、励ます希望として、癒す安らぎとして、常にあなたとともにあったのだから』

『人は誰であれ、人生にあっては、神の子として清く正しく生き、死に臨んでは、神の子として何一つ恐れることなく雄々しくこの世を立ち去るべきなのである』

『なぜなら、この宇宙のすべてを超越した神の子であるあなたの存在そのものが、肉体の死によって消え去ることなどあり得ないことなのだからである』

『あなたがこの世で経験している、誕生によって始まり、死によって終わる人生は、神から生まれたあなたが、神へと帰る旅路の途中に体験する束の間の出来事にすぎないのだから』

『あなたという存在は、あなたが世間によって教え込まれてきたような卑小で物悲しいものではなく、もっと神聖で、もっと超越的で、もっと祝福されたものなのだから』

『人がこの世に生を受けたその真の目的とは、この世に生まれたことによってこの世を我が物とすることではなく、この世を我が物としたいという欲望を捨て去ることによってこの世を道として利用し、この世の一切を超越したものへと到達することにあるのだ』と。

『この世に生を受けたあらゆる人々にとって、この世もあの世も、ともに安住すべきもの（あるいは獲得すべきもの）としては存在していない。

人は、それらの世界を手にすることによってではなく、捨て去ることによって、それらの一切を超越したゴールへと到達しなければならないのだ』と。

しかし、だとするなら「なぜ捨てなければならない世界に、われわれはわざわざ生まれ落ちなければならないのか？」という疑問が当然生まれてくるかもしれません。

その疑問に対するリシ（賢者）たちの答えは、極めて簡単です。

つまり、『人が世界を捨て去るためには、まず、その手に世界を掴むことが不可欠だからだ』と。

だからこそリシたちは、人生に挫折した者が世をはかなんで、「これからは世を捨てて出家します」などと言う時、彼らを厳しく叱りつけるのです。

『人生に挫折した者に世を捨てることなど不可能である』と。

『なぜなら、その者は人生に挫折し、挫折した世界から逃避してしまいたいと泣き言を言っているにすぎないからである。

世に捨てられた者に、どうして世を捨てることなど出来るであろうか。世を捨てたいのであれば、もう一度世界をその手にしっかりと掴んでから来るべきである』と。

『真に世界を放棄するということは、世界から逃避することを意味しない。

それは自分を支配し続けてきた世界をねじ伏せ、二度と支配を許さないことを意味しているのである』

『人が人として生を受けた世界とは、その世界の一切を超越して存在する目的地へ到達するために与えられた道のようなものである』

『世界を捨て去るということは、道そのものを捨て去るということではなく、その道の上に生きながらも、その道の上に留まることなく、その道の上に留まらせようとする一切の誘惑を振り切って目的地を目指して歩き続けることである』と。

『人が、人としての生を受けたその世界は、ある意味で、その世界の一切を超越して非顕現である神が自己表現の一部として与えた世界である。

そこには当然、〈神の自己表現としての〉あらゆる美しさが、富が、栄光が溢れている。

しかし、そのすべては、神があなた方に目的地へ辿り着くための〔道〕として与えたものであって、そこに住みつくべき世界として与えたものではない。

だからこそ、この世界は常に、人を優しく慈悲の腕に抱いたかと思った次の瞬間には、一転して無慈悲な試練の中に突き落とすような二面性を見せつけて、人々を翻弄するのである。

世界が慈悲の腕に人を抱かなければ、人はその世界を生き抜くことが出来ない。

しかし、世界が人を試練の中に突き落とさなければ、人はその世界から旅立つことが出来ない。

その世界で手にするものの一切は、目的地へ向かうためには、常に手にし、常に手放し続けなければならないものなのである』と。


誰もが世界の歴史を振り返ってみれば分かるように、われわれの生まれ落ちた世界において、巨万の富を夢見て、望んだとおりの富を獲得した者は少なくありません。

望みどおりの地位につくことが出来た者も、望みどおりの名誉や、権力や、異性を手に入れた者も枚挙に遑《いとま》がありません。

しかし、ただ一つだけ、望みどおりの幸福を手に入れ、望みどおりの幸福に抱かれたまま人生を終えていった者だけが一人として存在しないのです。

誰もが、頑強な城壁の中に築き上げられた王国のような安泰と幸福を夢見て人生を奔走します。

誰もが、より高い地位に上り詰めようと、より強い権力を手にしようと、より輝かしい名誉を獲得しようと、人生を駆けずり回ります。

ある者は、「巨万の富さえ手に入れることが出来れば、幸せは思いのままに手に入るのだ」と夢見ながら。

ある者は、「望みどおりの地位にさえ就くことが出来れば、……望みどおりの権力さえ手に入れることが出来れば、望みどおりの名声さえ得ることが出来れば、人生は幸福に満ちていくのだと」と夢見ながら。

しかし、富を望んだ者が、命を削る努力や精進や争いの中で他人を蹴落としながら富を獲得していけばいくほどに、地位や権力を望んだ者たちが血で血を洗うような戦いに勝ち残ることによって地位や権力を手にしていけばいくほどに、彼らの人生は、彼らが夢見ていたような幸福や平安に満ちていくことはなく、癒しきれない魂の飢えや渇きや虚しさに苛まれながら、運命に弄ばれながら、いったん手に入れたはずの幸福を失い続けていくしかなかったのです。

ヴェーダーンタは人にその事を振り返らせた後でこう告げてきます。


『人は誰であれ、真に知るべきである。

人は、その世界に快楽や贅沢を追い求めるために生まれたのではないことを！

人は誰であれ、その世界に富を築くために生まれたのではないことを！

人は誰であれ、その世界で権力を得、権力を振るうために生まれたのではないことを！

人は誰であれ、その世界で知識を拾い集めるために生まれたのではないことを！

人は誰であれ、その世界に名を残すために生まれたのではないことを！

人が、その世界において価値あるものとして夢見るその一切が、エゴと無知の共演によって生み出された迷妄にすぎないことを』

『人がその人生で為すべきこと、それは、「私は誰なのか？」という真の自己の探究にあるのだ！』と。

『あなた方が生きるその世界は、あなた方が自らの無知の中に見失ってしまった真の叡知を、再び取り戻す場として与えられているのだ』と。

ヴェーダーンタは宣言します。

『たとえあなたが、世界を征服した王となって、手にしうる限りの富を手にし、支配しうる限りの人々を支配し、味わいうる限りの快楽を味わい尽くしたとしても、それは何の意味も持ち得ないのだ』と。

『そうしたもののすべては、来ては去っていく束の間の幻にしかすぎないのだ』と。

『あなた方がその人生の中で、何を手にし、何を為したにしろ、最後にはすべてを死が奪い去っていくことを忘れてはならない。

あとに残るものは何一つないのである。

人は誰であれ、その人生で手にした、いかなる富も、名声も、地位も、権力も、何一つ来世に持ち越すことは出来ないのだ。

あなた方が来世へと持っていけるもの、それは、純粋な善と徳とで高められた魂だけなのだ。

純粋な善と徳とで高められた魂に、神の恩寵と祝福は降り注ぐ。

それは、あなた方を、あなた方が過去世において積み重ねてきた悪いカルマの影響から守ることの出来る唯一のものである。

それは、あなた方を試練の場である人生という矯正施設から救い出すための、霊性のインスピレーションを与え、あなた方を真の霊性の道へと導く。

いかなる人生においても、人々が悪から身を遠ざけ、善と有徳を心掛けて生きなければならない真のわけはそこにあるのだ』と。

『あなた方の多くは、罪を犯せば神が裁き、善を為せば神が恩寵を与えると考える。

しかし、それは全く正しい認識ではない。

なぜなら、宇宙が誕生する以前の世界において唯一の実在であり、この宇宙の誕生の唯一の原因となり、今なお不可知の領域から宇宙の一切を司っている唯一の神は、誰かが罪を犯したからといって裁くこともなければ、善を為したからといって特別な恩寵を与えることもないからである。

《注・通常人々が「そうしたことを人々にもたらすもの」として、崇めたり、礼拝したりしている神々とは、ヴェーダにおいては〔半神〕と位置づけられていて、現世において霊性を高めた人々の魂が進化したものであって、原初においてこの宇宙そのものを生み落とし、今なお絶対的に支配している神とは、全く違ったものであるとヴェーダーンタは告げます。

そうした人格神たちは、通常の人々に神として崇められるに足りる崇高さも、自然界をある程度支配出来るような力も持っていることは持っているが、基本的な存在の本質（例えば、われわれ人間に誕生と死が存在しているように、そうした天界の神々にも誕生と死が存在するし、苦悩や悲しみが存在するといったようなこと）は全く同じなのだと。

ただ、そこに違いがあるとすれば、われわれの寿命が一〇〇年やそこらであるのに対して、そうした神々の寿命は数千年とか数万年とかいった具合に遙かに長いということぐらいなのだと。われわれ人間が、ある限られた能力の中で、地上を飛んだり跳ねたり走り回ったりする能力があるように、神々には、ある限られた能力の中で、宇宙規模で飛んだり跳ねたり駆け回ったりする能力があるだけなのだと。そこにはわれわれの社会に存在するもののすべて、争いや悩みや楽しみといったもののすべてが存在するのだと。ただ、その質が違うだけなのだと。

しかし、そうした神々と、そうした神々の存在基盤であるこの宇宙そのものを原初において生み落とした神とは、全く異質なものなのだと》

神は、人が罪を犯したからといって裁くこともなければ、善を為したからといって特別な恩寵を与えることもない。

神はただ、あなた方のすべてを〔自らの犯した過ちや罪によって自らが裁かれ、自らの為す善や徳によって自らが救われる〕という、絶対普遍のカルマの法則によって縛りつけているだけなのだ』と。

ヴェーダーンタはそう教え諭した上で、更に、われわれはこの世で何をしなければならないのか、何を為すべきではないのか、われわれはこの世界に架けられた誕生と死という橋を渡って通ってどこへ行こうとしているのか、死の正体とは何なのか、神とは何なのか……ということについて事細かい教えを紡ぎ出していきます。

しかし、その教えの懐深くに抱かれようとすれば、われわれの前には、避けては通れない一つの関門が立ち塞がることになります。

それは『神の実在を絶対的な真実として信じ切って、その懐に身を委ねられるか！』ということです。

『「一切の原因は神であり、宇宙は結果である」というこの扉を、身を屈めて潜った者でなければ、たとえあなたが誰であれ、これ以上ヴェーダーンタに秘められている教えの本質に抱かれることは出来ない』と。

『もし誰かが、この扉を避けて学者的なコンタクトを試みるならば、それはただ単に哲学的迷路に誘い込まれただけですべてが徒労に終わるしかないのだ』と。

なぜなら、

『唯物論や無神論の立場に立ったままにヴェーダーンタに興味を持つということは、山には登りたくないけど、山の頂上に立つということはどういう気分であるかに興味を持つようなものであり、唯物論を一歩も出ようとしないような人々にヴェーダーンタを紹介しようとする試みは、そのような人々のために、山の頂上を麓まで運んできてみせようとするようなものだからである』と。

それは、ヴェーダーンタそのものが、ヴェーダーンタを学ぼうとする者に対して常に警告してくることなのです。

自然科学は、「自らの手の中にある、たった一個の原子の謎さえ余すことなく解き明かすことが出来るのであれば、自らの手の外に広がる宇宙の謎のすべてを知ることが出来る」と告げています。

しかし、その逆、……つまり、「原子の謎を解明することなく、宇宙の謎を解明することは不可能である」と。

そうした自然科学の証言と同じように、ヴェーダやヴェーダーンタもまた、実際にそれを悟った聖賢、聖者たちの証言を通してこうわれわれに告げているのです。

『人が、「私は何者なのか？」という、たったそれだけのことを真に知ることが出来たとするならば、この宇宙に秘められている謎のすべてもあるがままに知ることが出来る』と。

しかし、その逆、……つまり、『「私は何者なのか？」という謎を解き明かすことなく、この宇宙が何なのかという謎を解き明かすことは不可能である』と。

したがって『「私は何者なのか？」ということを知らない者の口から語られる学識や哲学、思想は何であれ、それは真の叡知ではあり得ないのだ』と。

# 後書き

インドに興味を持った誰かが、インドを取材して歩き、インドについて知った何かを雄弁に語ることはたやすいことだと思います。

しかしその反面、そうした誰かが、インドを今なお〈霊性の大国〉として存在させ続けている宗教的なものの本質に迫り、そのものについて語ろうとするなら、おそらくその試みはかなり無残なものに終わってしまうような気がします。

なぜなら、インドに存在するあらゆるものは、無数のカースト、無数の宗派に枝分かれしたヒンドゥー教、ヒンドゥー教と共存するイスラーム教、シーク教、ジャイナ教、ゾロアスター教、キリスト教、仏教といった様々な宗教、他に類を見ないほど数多く存在する異なった言語といったものによって無数に分断されていて、インドの国民にとってさえ、自分のテリトリーを一歩でも離れてしまえば、そこに広がるインドは、程度の差こそあれ、常に不可知なヴェールの向こうにある「知られざる世界」としてしか存在していないからです。

しかし、その一方で、そのインドは、世俗のインドであれ霊的なインドであれ、そのような世界には何の興味も持たずに平凡な日々を生きていたような人間を、遠く離れた異国の日常の中から突然運命の糸に絡め捕るかのようにして強引にインドに引き寄せ、自らに秘められた領域に通じる扉の前に立たせた後に、その扉を開けて中に入るように促してみせたりすることがあります。

そしてもしその時、その誰かが、自らがそれまでの人生の中で身につけてきた、学識や見識に対する自惚れや自負や自尊心といったものの幾つかをその場に置き去り、目に見えない何者かの導きに身を委ねるようにしてその扉を身を屈めて潜ったとするならば、その瞬間に、そこにあったインドという世界は、同じスクリーンに映し出されていく別の映画のようにして、全く別の姿を現していくことになります。

そのようにして姿を現したインドは、あらゆる時代の証言者たちによって〈秘められたインド〉として知られ、〈聖なるインド〉として崇められてきました。

本書は、そうしたインドを、幾千年とも知れない時の彼方から現代に至るまで、あらゆる宗教の垣根を越えた普遍的な立場から支え続けてきた、ヴェーダ及び、ヴェーダーンタの紹介を試みた『真理への翼』の続編であり、前作の『真理への翼』が、ヴェーダーンタと人々の間に立ちはだかっている唯物論の打破に重点が置かれているのに対して、本作品は、その中に開示されている宇宙論や生命論の、より直接的で、より詳しい紹介を試みたものです。

ヴェーダは、太古の聖賢が悟った真理そのものの超越的な開示であり、ヴェーダーンタは、そのヴエーダの中に開示されている難解な宇宙モデルや生命モデルを、一般の人々にも理解し得るようにと、後のリシやヨーギ、聖賢や聖者と呼ばれるような人々によって噛み砕かれたものであり、ヴェーダの奥義書と位置づけられているものです。

そのため、その多くは、師と弟子との間で交わされる質疑応答や、学問や知識、哲学や思想という形を取ってはいますが、その真の本質は、学問でもなければ知識でもなく、哲学でもなければ思想でもありません。

それはそうしたもののすべてを超越したものであり、それを学ぼうとするすべての人々の知性を、真理そのものとして輝く、聖なるかがり火の下へと導いていくものです。

# 参考図書

『ヴェーダ』サティヤ　サイ　ババ著／小栗知加子訳　サティヤ　サイ出版協会　二〇〇六年
『英知　ニャーナ　ヴァヒニ』サティヤ　サイ　ババ述／サイダス監訳訳
サティヤ サイ オーガニゼーション ジャパン 一九九四年
『サティヤ　サイ　ババとの対話』J・S・ヒスロップ著／牧野元三訳
　サティヤ　サイ出版協会　一九九五年
『サティヨーパニシャッド上・下』アニール・クマール・カマラジュ著／高木仁美・小栗知加子共訳
　サティヤ　サイ出版協会　二〇〇五年
『サイラム・ニュース　No.102〜No.129』サティヤ　サイ出版協会　二〇〇五年
『秘められたインド』ポール・ブラントン著／日本ヴェーダーンタ協会訳
　宗教法人日本ヴェーダーンタ協会　一九八二年
『ギャーナヨーガ』スワミ　ヴィヴェーカーナンダ講演集　日本ヴェーダーンタ協会訳
　宗教法人日本ヴェーダーンタ協会　一九七三年
『わが師』スワミ　ヴィヴェーカーナンダ講演集　日本ヴェーダーンタ協会訳

宗教法人日本ヴェーダーンタ協会　一九八三年
『霊性の師たちの生涯』日本ヴェーダーンタ協会訳
宗教法人日本ヴェーダーンタ協会　一九八一年
『ヒンドゥイズム』スワミ　ニルヴェーダーナンダ著／日本ヴェーダーンタ協会訳　一九八六年
『神と科学』ジャン・ギトン、グリシュカ・ボグダノフ、イゴール・ボグダノフ共著／幸田礼雅訳
新評論　一九九二年
『ラマナ・マハルシの言葉』ラマナ・マハルシの言葉著／アーサー・オズボーン編／柳田　侃訳
東方出版　一九九六年
『あるヨギの自叙伝』パラマハンサ・ヨガナンダ著　森北出版　一九八三年

村山泰弘（むらやま・やすひろ）

1955年熊本県生まれ。墓参りも初詣も拒否するような頑なな無神論者として生きていたある日、自らの宇宙観を根底から変えてしまう出来事を体験し、その導きの中でヴェーダーンタの教えと出会う。１日４～６時間の瞑想を１日も欠かすことのない日々の中で、その教えを６年余りに亘って探求する。その後、完全菜食主義者となり、師に呼び寄せられるようにしてインドへ渡る。
日本とインドを行き来しながら、師の名前を冠する日本のボランティア団体で５年ほど活動した後、母親が認知症になったのを期に故郷に帰り、介護の合間に書き上げた、ヴェーダーンタの教えを広く一般に紹介するための著書『真理への翼』を2008年３月に出版。本書はその続編に当たる。

聖《せい》なるかがり火《び》
今一度《いまいちど》、人《ひと》が、人《ひと》として再生《さいせい》していくために

二〇一〇年三月二六日　第一刷発行
定価はカバーに表示してあります

著　者　村山泰弘《むらやまやすひろ》
発行者　平谷茂政
発行所　東洋出版株式会社
東京都文京区関口 1-23-6, 112-0014
電話（営業部）03-5261-1004（編集部）03-5261-1063
振替　00110-2-175030
http://www.toyo-shuppan.com/
印　刷　モリモト印刷株式会社
製　本　カナメブックス


ISBN 978-4-8096-7611-6